練習場で確実にうまくなる!

世界最速のゴルフ上達法

クォーター理論

PGAティーチングプロ A級

桑田 泉

日本文芸社

練習場で確実にうまくなる!

世界最速のゴルフ上達法 クォーター理論

CONTENTS

本書は弊社刊行の『桑田泉のゴルフアカデミー』(2011年8月)、『桑田泉の真実のゴルフレッスン』(2012年10月)を元に再編集、加筆したものです。

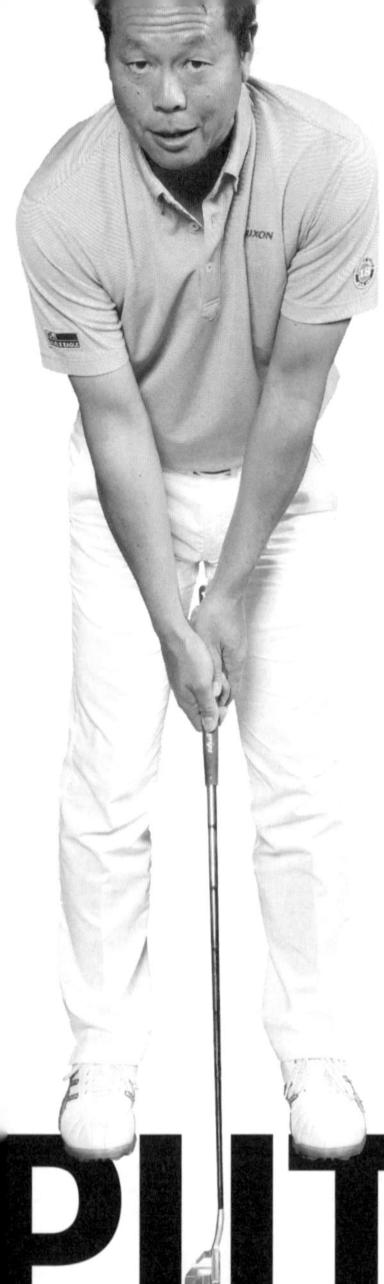

CHAPTER

1

まずは パターの動きを 身に付けよう

PUTTER

第1話 上達へのファーストステップ“パター”

私のクォーター理論はパターと3つのスウィングからできています
まず最初の段階がパターと下半身を動かさず上体だけでのストローク20ヤード以内のアプローチの動きの「S1」
次に上半身が右回り下半身が左回りの30ヤード前後のアプローチの動き「S2」
フルスウィングしたときのインパクトの形も実はこれ

そして最後がクラブの動きが最大になる
フルスウィングの動き"S3"
それぞれについてはこの連載で順を追って説明していきますがよほどの上級者でもない限りすべての生徒さんにとってまずパターから始めてもらいます
はいはい分かりました
パターね…
もう30年もゴルフしとるのに「フルスウィングはまだ早い」ときたもんだ
DOUBLE EAGL

しかし スウィングを 覚えるには まず14本のクラブの 真ん中である 6～7番アイアンで 練習しろ―― というが……
ああ ビギナー向けの 教科書には よく そう書いてますね
それじゃ 聞きますが 小学1年生は 初めて算数を 教わる時 学校を小・中・高に 分けて その真ん中の 中学生の勉強から 始めます？
そんなこと 無理に 決まっとる！
でしょ！
まず足し算を習い そこから ステップアップ して 中学生の 連立方程式を解き 高校の関数へ進む これが正しい 順序です
3＋5＝ 4＋7＝ ……
y＝4x＋3 2x＋y＝21 x＝ ,y＝
y＝3x²－12x＋9 のグラフ……
y＝4x＋3 2x＋y＝21 x＝ ,y＝
中学数学
こうか？
いや こうか!?
ゴルフも同じ パターのクラブの動きが 身に付いていない人が いくら〝S1〟や〝S2〟の 動きをしようとしても それは不可能です

たしかにパターを足し算だとすればその大基本なしではその先の難解な問題は解けんな
パターの動きに間違いがあればその延長にある〝S1〟や〝S2〟も〝S3〟も
間違った動きになるのは自明の理です
「最初は6番アイアンや7番アイアンで練習しろ」なんて誰がいい出したのか知りませんがあんなの大ウソ!
そんなウソ理論の弊害で
何十年もゴルフをやってもうまくなれない大人がゴロゴロいるんですよ
ギク‥
ところがこれが最初はなかなか理解してもらえない
だから私はいかに多くのゴルファーがパターで間違いを犯しているかを説くんです

私は全国の色々な場所にレッスンに呼ばれますが――
それではまずパターから始めましょう!
え〜〜〜パター!?
せっかく桑田プロに来てもらったのにフルスウィングのレッスンじゃないの!?
ホントだよな普通はドライバーやアイアンを教えてもらってそのあとラウンドレッスンって流れなのに……
そりゃその人たちの気持ちも分かるいきなりパターレッスンじゃなんか損した気分になるわ
ウン ウン
皆さんパターは動きが小さいだけに「やさしい」とか「自分はもうマスターしてる」と思い込んでいるんです

いつものスウィングを
チェックするために
まずは とにかく
パターを打たせる
ヤッ
コッ
あなた
ヘッドアップ
してますね
はい！
あなたも
えっ⁉
そう指摘すると
皆さん必ず
こういいます
してない
ですよ！
ゴルフを
始めたばかりの
素人じゃ
あるまいし
私
ヘッドアップ
なんて
してません！

それじゃ あなた―― 代表して みんなの前で パットしてみせて ください
絶対 ヘッドアップ なんて してませんから
あ オレ? いいですよ
いいですか 皆さん よ――く見てて くださいよ
ス・・
コッ

コト‥ン
よっしゃ!!
するワケないって…
はい
ナイス偶然・・!
そのままですよ
今の体勢を
キープして
さて皆さん
どうでしたか?
あ!
してる!
ヘッドアップ
してますよ!
えーーーッ!
うっそ〜〜〜!!
あら〜
なんで!?
ほらね
あなたも
ヘッドアップ
してます
オレはちゃんと
最後まで
しっかりボールを
見てたぞ!

だからヘッドアップするんです！
分かりましたか？
今 それを指摘した皆さんもまったく同じです
失礼ですがあなたはゴルフ歴のわりに上達が遅くないですか？
ま まあかなり苦労してるとは思うけど……
ここに習いに来てるワケだし……
その原因はすべてのスウィングの基本であるパッティングができていないからなんです

それでは
皆さん
この方の
ヘッドアップを
私が今から
たった1球で
直します
これによって
〝S1〟
〝S2〟も
よくなりますから
しっかり聞いて
くださいね
ボールはよく
見てはいけません!
視界に映っているだけ
なんです
目は閉じたりせずに
開けたままですよ
は はい
コツ…
おおッ!
な
直った!!

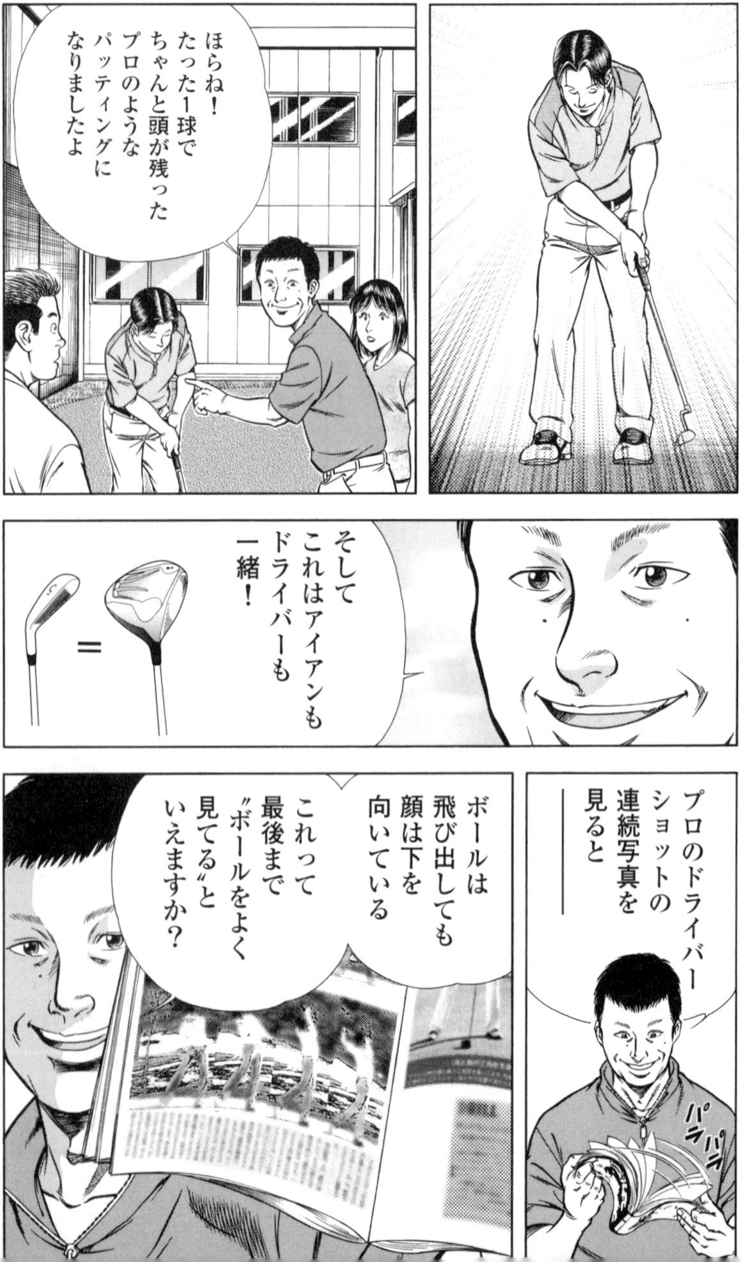
ほらね！
たった1球で
ちゃんと頭が残った
プロのような
パッティングに
なりましたよ
そして
これはアイアンも
ドライバーも
一緒！
プロのドライバー
ショットの
連続写真を
見ると
―
パラパラ
ボールは
飛び出しても
顔は下を
向いている
これって
最後まで
〝ボールをよく
見てる〟と
いえますか？

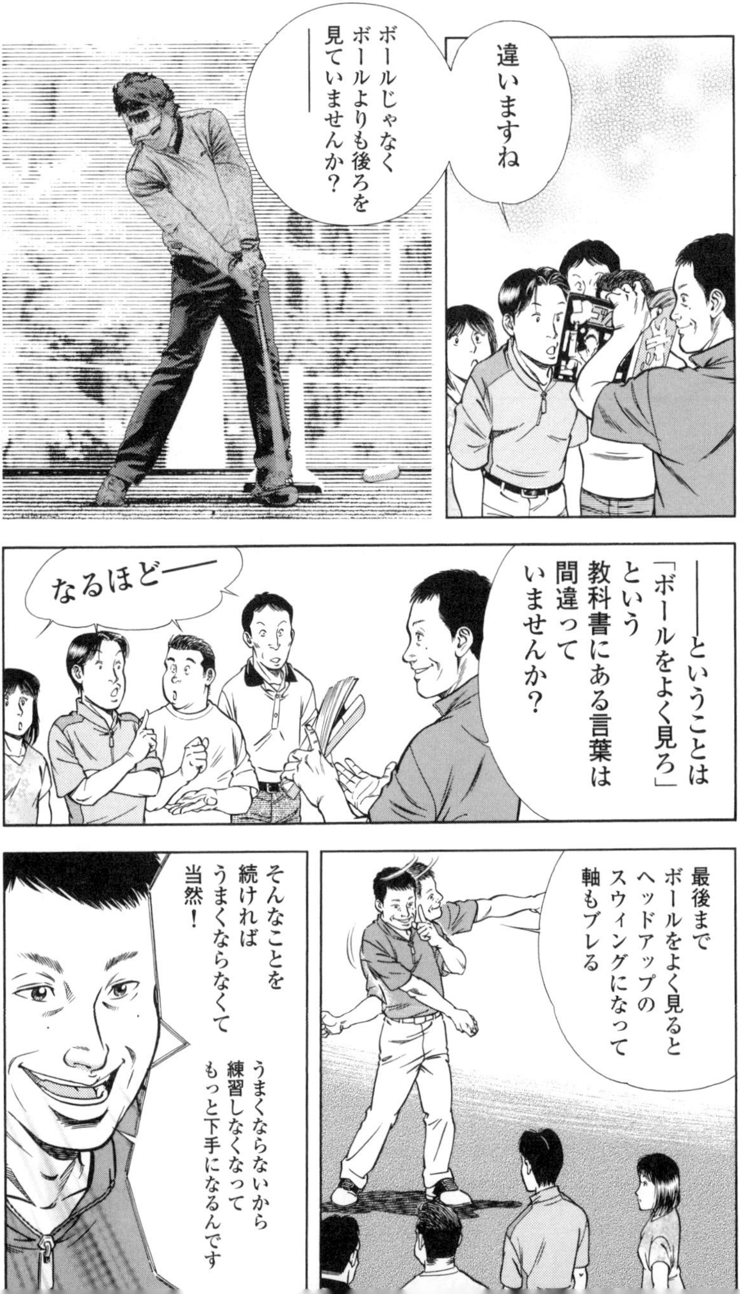
違いますね
ボールじゃなく
ボールよりも後ろを
見ていませんか？
——
——ということは
「ボールをよく見ろ」
という
教科書にある言葉は
間違って
いませんか？
なるほど——
最後まで
ボールをよく見ると
ヘッドアップの
スウィングになって
軸もブレる
そんなことを
続ければ
うまくならなくて
当然！
うまくならないから
練習しなくなって
もっと下手になるんです

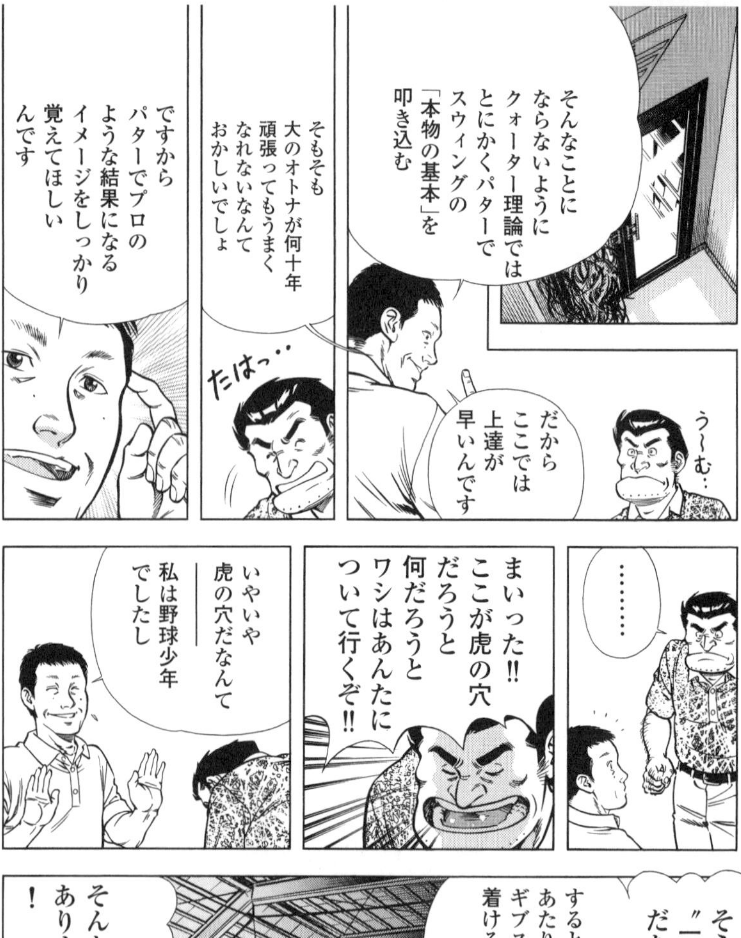

クォーターゴルフ理論 奥義 その1

「最初のうちはドライバーやアイアンはヘタでもOK!」

「パターでしっかり『本物の基本』を覚えて上達スピードを上げよう!」

第2話 プロのようにとは？ パター編

GOLF FIELD EAGLE
DOUBLE EAGLE
今日からお世話になります今田です!!
新スクール生 今田隆一 HC18 ゴルフ大好き 30歳
いらっしゃい今田さん!
お!なかなかキマってますね
やっぱりプロゴルファーって憧れの存在でしょ
アハハ…
STAGE

だから
できることは
全部　真似
したくって――
でも腕前は
アベレージ
ゴルファーの
ままなんで
よろしくお願い
します！
僕も桑田プロの
アカデミーで
パターから順番に
自分のゴルフを
作っていきたい
んです！
あれ！
少し予習して
きましたね
ハイ！
″パターは
ボールを見ない″
これですよ
これ！
そうですね
それじゃ早速
パターを打って
もらいましょう

いいですか
まっすぐ打って
くださいよ
はい!
ゴッ
コトンッ
ゴッ
コトンッ
へえ……
ファッションと同じで
プロのパッティングを
かなり研究
されている
ようですね

いやぁ 照れるなぁ〜〜 そんなことまで 分かっちゃうんですか?
これって 褒められてる?
ええ 分かりますよ だって今田さんは 〝プロのように〟 パッティング してるから プロとは 似ても似つかない ストロークに なってますもん
へ!?
た 確かに 1球は外しましたけど そこまで 僕のストローク って 悪いですか!?
はい 残念ながら ………
たとえ 3球とも 全部 入ったとしても それは ただの まぐれです
え〜〜
プロの連続写真を 真似しているのに 僕のパッティングの どこがそんなに 悪いんですか?

簡単です
軌道が狂って
いるんですよ
パターヘッドが
外に上がって
外に出ています
え――――!
それは
ないですよ!
僕のは絶対
ストレート軌道の
はずです!!
う～～～ん…
どうやって
納得してもらう
かな………
すいませーん!
ちょっと
こちらに
来てもらって
いいですか
――――?
この方の
パッティング軌道が
どうなっているか
ちょっと
見てあげて
くれませんか?

あ いいですよ
分かりました 軌道ですね
コトン
ホッ!!
ん…… ちょっと外にヘッドが出てますね
ほんとだ フォローでカップの外側にヘッドがありますね
ガーン!!
そんなぁ!!

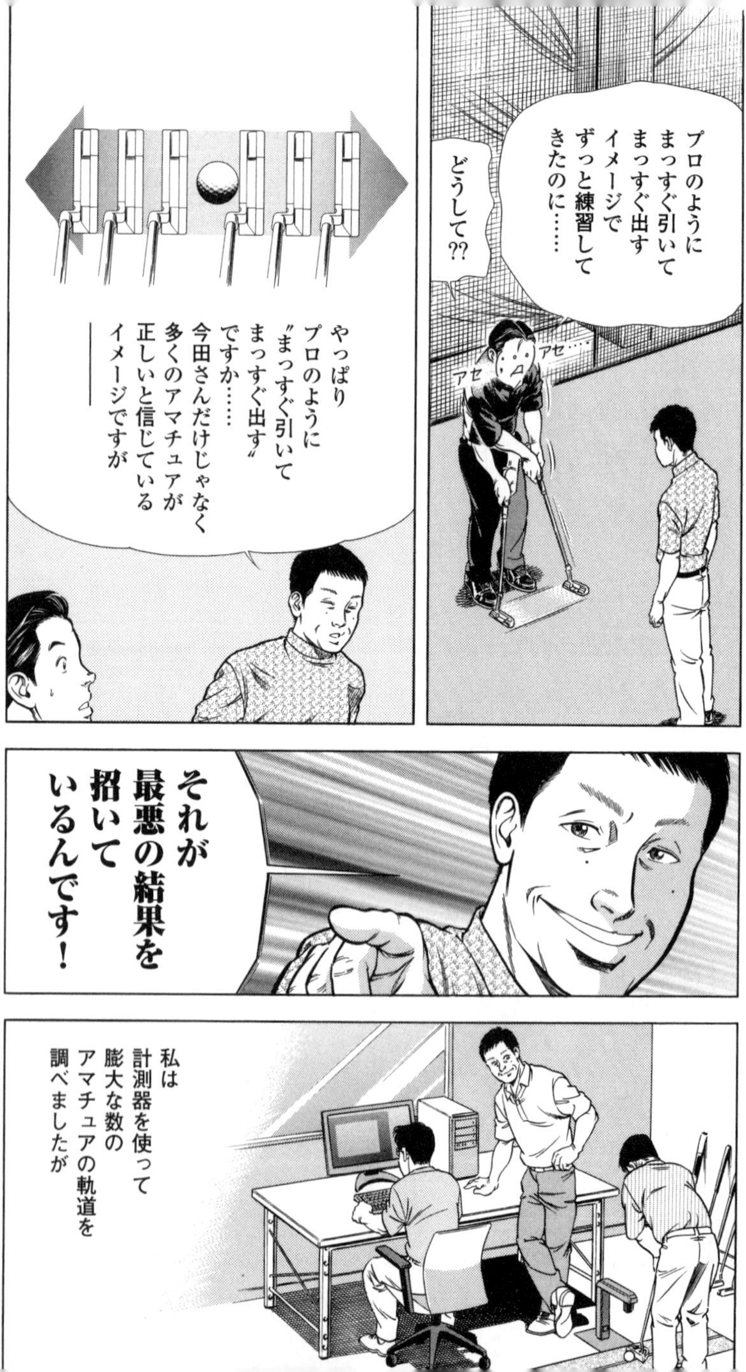
プロのように
まっすぐ引いて
まっすぐ出す
イメージで
ずっと練習して
きたのに……
どうして??
アセ…
アセ
やっぱり
プロのように
〝まっすぐ引いて
まっすぐ出す〟
ですか……
今田さんだけじゃなく
多くのアマチュアが
正しいと信じている
イメージですが
それが
最悪の結果を
招いて
いるんです！
私は
計測器を使って
膨大な数の
アマチュアの軌道を
調べましたが

実は ほぼ100%の
アマチュアが
アウト→アウトの
軌道になっています
誰もが とは
いいませんが
〃まっすぐ〃の
セオリーのせいで
現実は
とんでもないことに
なっているんです
でも
ゴルフ雑誌には必ず
〃パターはストレート軌道〃
って書いてありますよ
あれはどうして
なんですか？
あれ？
今田さんは
予習してきたのに
クォーター理論が
結果を出すための
イメージだってことを
忘れちゃったんですか？
あ…
イメージと結果は
違いますよ
結果的に
ストレートに近い
軌道にしたいのなら
〃まっすぐ引いて
まっすぐ出す〃
というイメージでは
ダメなんです
それじゃ
一体どんな
イメージを
……？

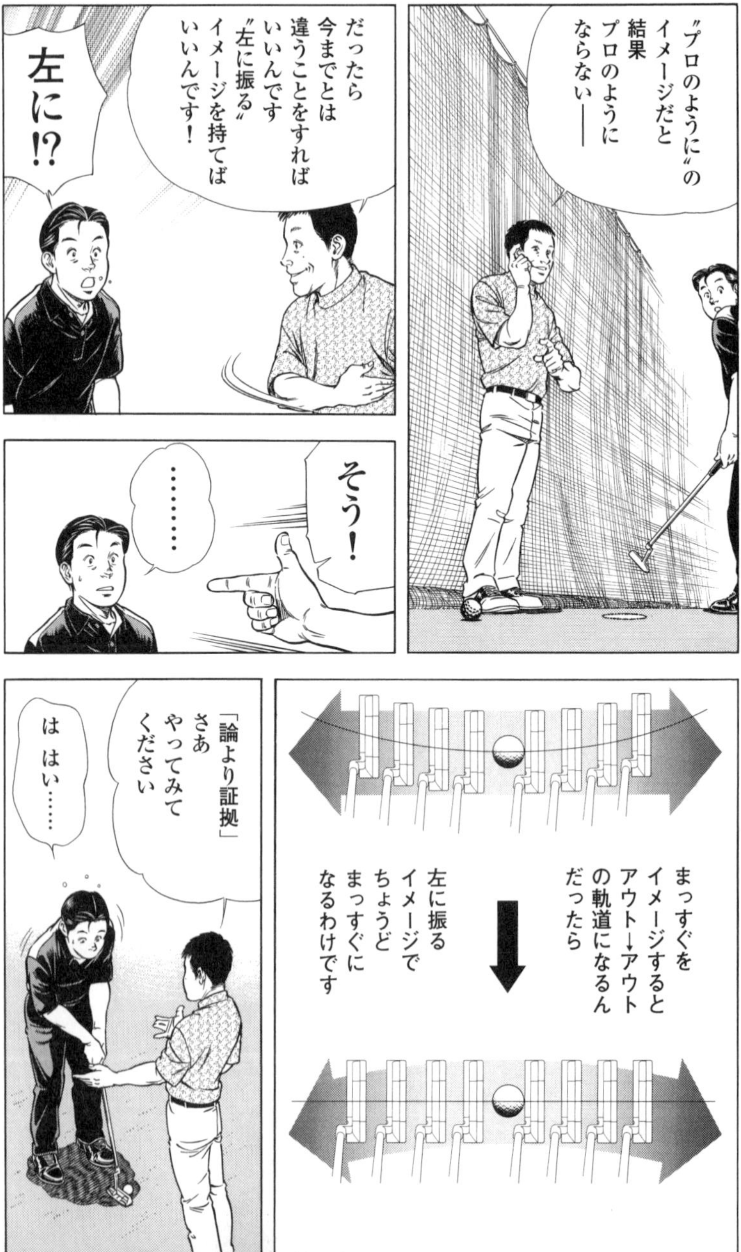
〝プロのように〟のイメージだと結果プロのようにならない——
だったら今までとは違うことをすればいいんです〝左に振る〟イメージを持てばいいんです！
左に⁉
そう！
…………
まっすぐをイメージするとアウト→アウトの軌道になるんだったら
左に振るイメージでちょうどまっすぐになるわけです
「論より証拠」さあやってみてください
は はい……

ゴッ
ウソだろ!?
出球が思ったとおりの方向に出た！
今のはどうでした？
さっきと全然違います
ええ
今度はパターヘッドがカップより内側に出てます
〃パターは左へ振る――〃
これが正しい軌道に導く最良のイメージなんです

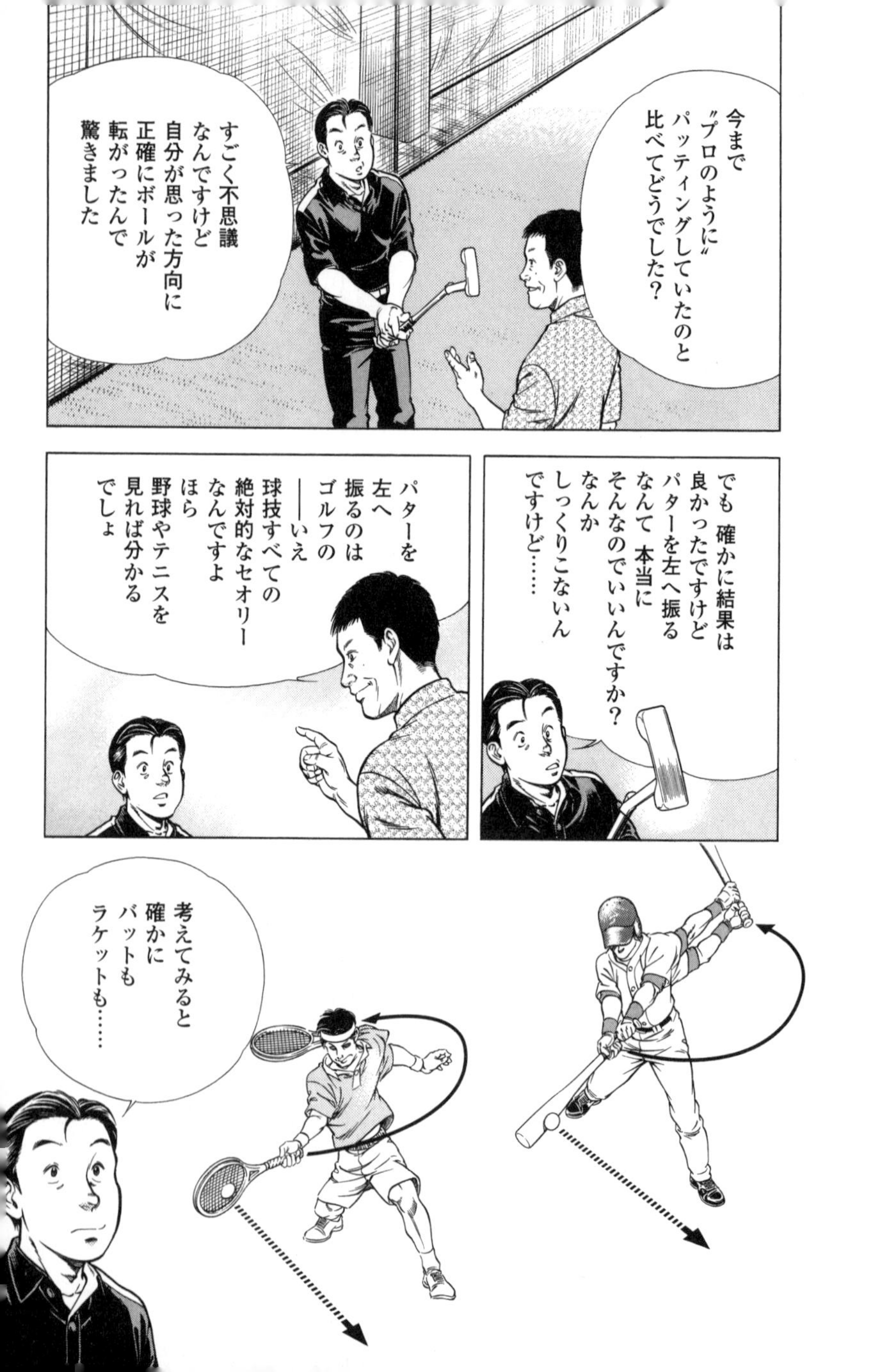
今まで〝プロのようにパッティングしていたのと比べてどうでした？
すごく不思議なんですけど自分が思った方向に正確にボールが転がったんで驚きました
でも 確かに結果は良かったですけどパターを左へ振るなんて 本当にそんなのでいいんですか？なんかしっくりこないんですけど……
パターを左へ振るのはゴルフの——いえ球技すべての絶対的なセオリーなんですよほら野球やテニスを見れば分かるでしょ
考えてみると確かにバットもラケットも……

ボールをまっすぐ投げる時でも同じですよ
腕を目標にまっすぐではなく
支点に対して腕を回転させていませんか？
昔とった杵柄！
とりゃっ
支点に対して回転する——ということは？
左へ振るのがまっすぐ………？

クォーターゴルフ理論 奥義 その2

「球技のストレートは円!」

「まっすぐ打ちたければ左へ振れ!」

第3話

順回転の感覚

DOUBLE EAGLE
この間のショップでお聞きした話の続きなんですけど……
本当にパッティングにも〝型〟があるんですか？
gloria Golf
はい！ちゃんとありますよ！
パターはセンスだけでなんとかなる人もいますが
パターのセンスを磨け!!
パターQ&A
センスがなくても理論や練習で
型にはめればうまくいくようになるんです!!

今の私はレッスンが主体で 試合用の本格的な練習は何年もしていません
でも パター数が少ないから
パープレーでは回れます
ペコ
それは――パターの型を知っているからです！
だからEAGLE18《ここ》にはプロも習いに来ます
そのパターの型をね！
あ いらっしゃい
こんにちは――！
あの人見たことありますよ！
ウン！先週 TV中継で優勝争いしてたプロだよ

く　桑田プロ！
その型をぜひ
教えてください
!!
ずいっ!!
いやぁ〜
桑田プロ
大人気ですねェ
ドドドドド
んがっ!!
ドカッ
ちょっと
待った
〜くっ!!
コラコラコラ！
抜けがけは
ずるかないかぁ!?
そんな美味しい
レッスンを
2人だけで！
ごっ　権藤
さん…
どうして？
フン！　ワシの
情報収集力を
ナメて
もらっちゃー
困る！
ギュッ
仕事なんか
やってられるかっ
てェの！
ね！
ワシにも
その
〝パターの型〟
を教えてくれ
このとーり！

それじゃ皆さんまずは このカップを狙ってください
距離は1.8mです
入れごろ外しごろですね
1.8mスか？微妙な距離っスね
上等だ！ワシは何ヵ月もパターオンリーで頑張ったんだ任せとけ！
コッ
ピィィ
コッ
ありゃ…
あ…
……
えっ⁉

くそぉ
もう1回!
うーん
強かった
か…
クルッ
ツ
今度
こそ!
くっ…!
ええ〜〜〜
なかなか
入りませんね
……
でも
この1.8mに
パターの型の
秘密が隠されて
いるんです!

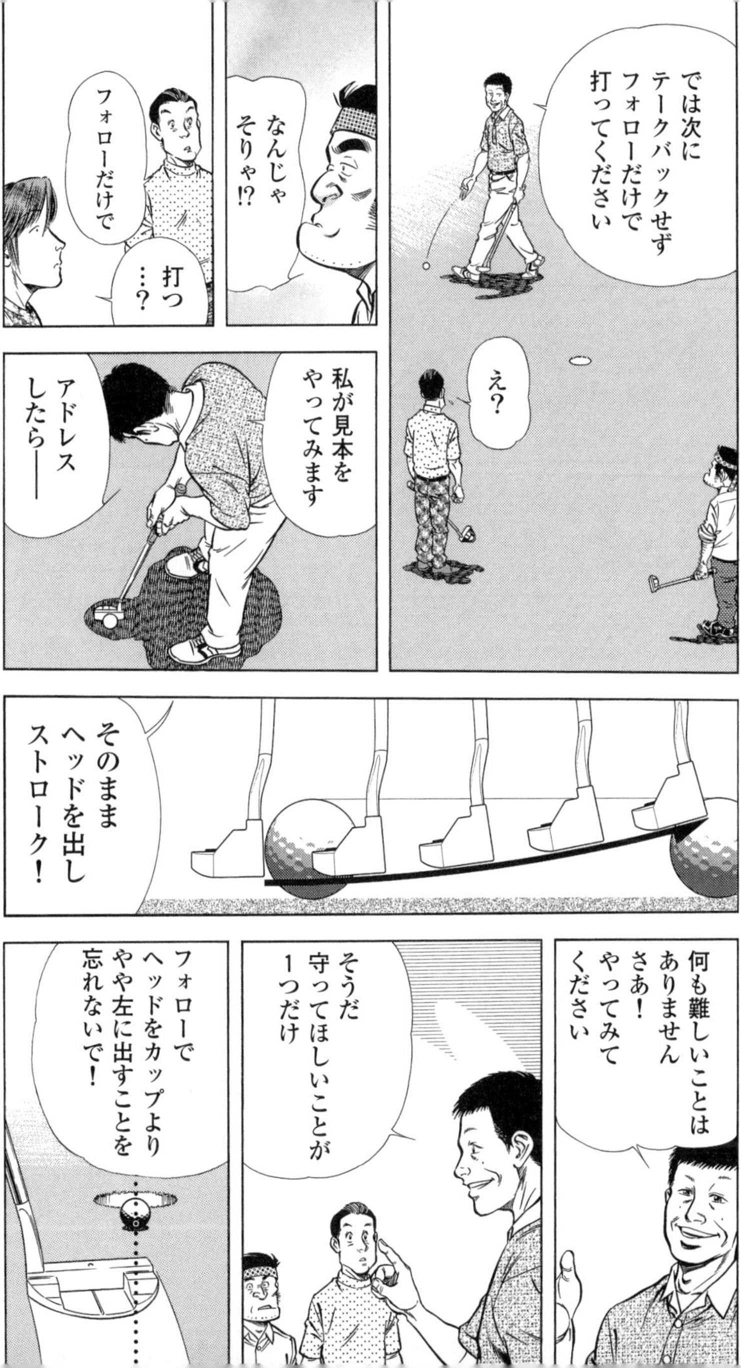

では次に
テークバックせず
フォローだけで
打ってください
なんじゃ
そりゃ!?
フォローだけで
打つ
…?
え?
私が見本を
やってみます
アドレス
したら――
そのまま
ヘッドを出し
ストローク!
何も難しいことは
ありません
さあ!
やってみて
ください
そうだ
守ってほしいことが
1つだけ
フォローで
ヘッドをカップより
やや左に出すことを
忘れないで!

ボールに
パターをセット
したら——
そのまま
フォローだけで
パッティング
やや左に
ヘッドを出す
おろ
惜しい！
コロ
おっ
あれ…
段々…
フィーリングが
……
合ってきてる
ぞ……

カラン
コトトーン
おおっ!!
これは一体っ!?
ふふふ…テークバックをなくすと良い転がりでほとんど入る
つまりパッティングで事件が起きているのはバックスウィング!!
そして最大のポイントはなんといってもバックスウィングから戻る時なんです!
なるほど!だから後ろを〝はしょって〟打てばうまくいくってことなのか
ん〜?
クォーター理論はインパクト手前の¼を重視する理論じゃろう?「フォローを重視しろ」ってのは逆と違うか?

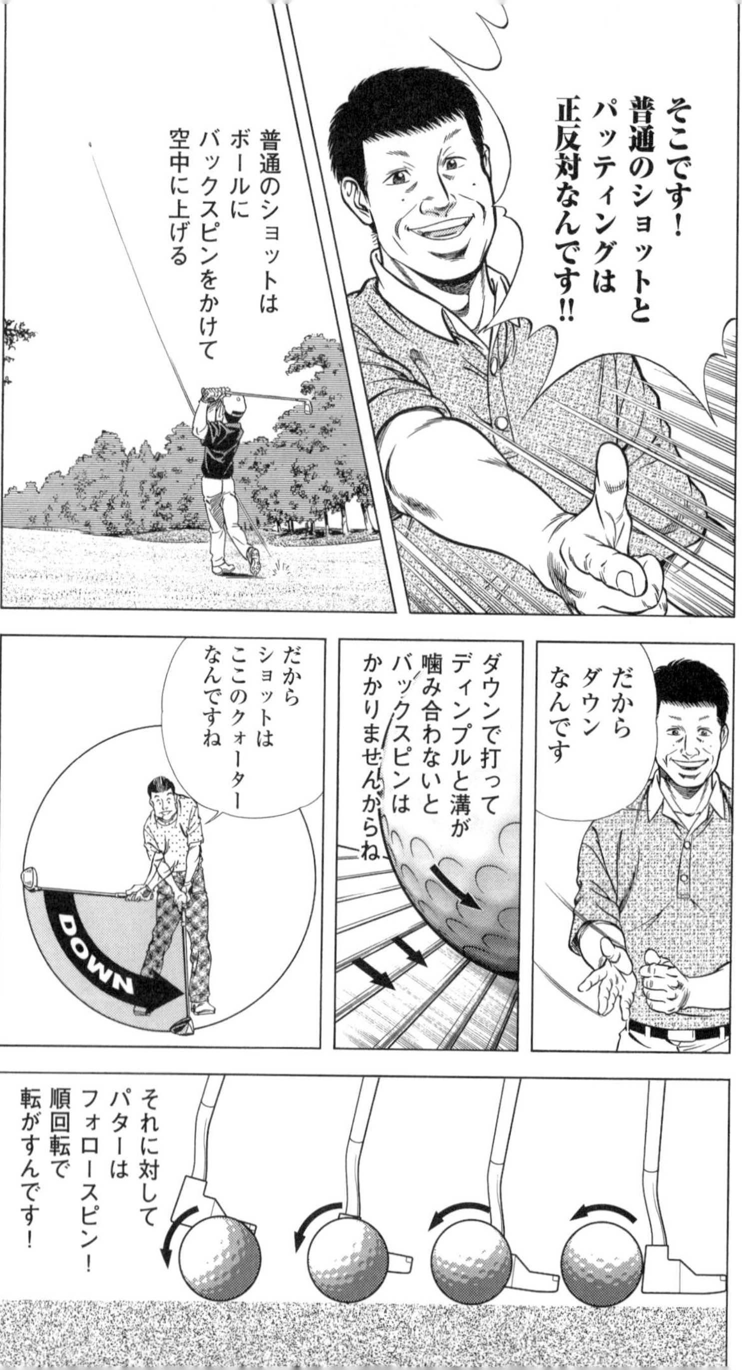
そこです！
普通のショットと
パッティングは
正反対なんです!!
普通のショットは
ボールに
バックスピンをかけて
空中に上げる
だから
ダウン
なんです
ダウンで打って
ディンプルと溝が
噛み合わないと
バックスピンは
かかりませんからね
だから
ショットは
ここのクォーター
なんですね
DOWN
それに対して
パターは
フォロースピン！
順回転で
転がすんです！

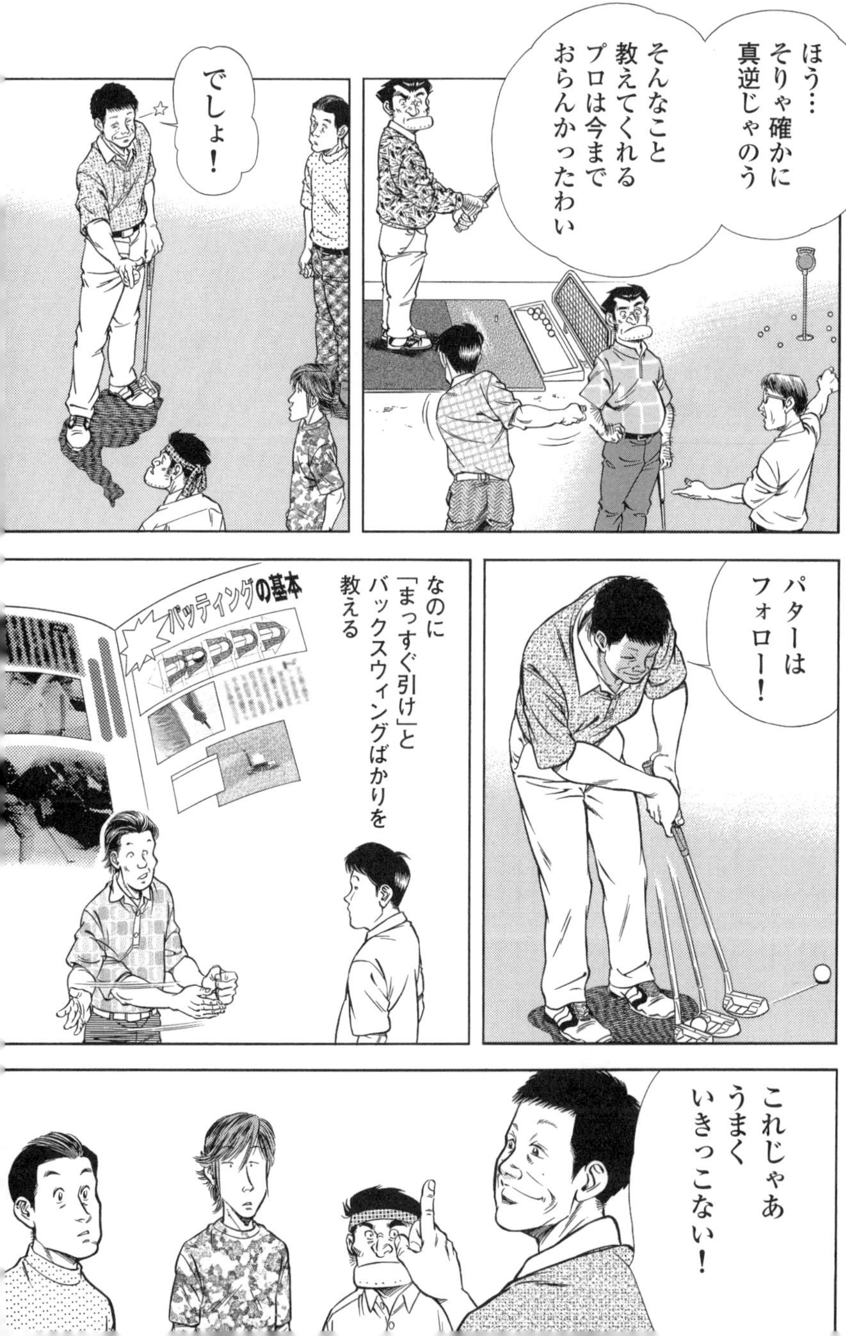
ほう…
そりゃ確かに
真逆じゃのう
そんなこと
教えてくれる
プロは今まで
おらんかったわい
でしょ！
パターは
フォロー！
なのに
「まっすぐ引け」と
バックスウィングばかりを
教える
パッティングの基本
これじゃあ
うまく
いきっこない！

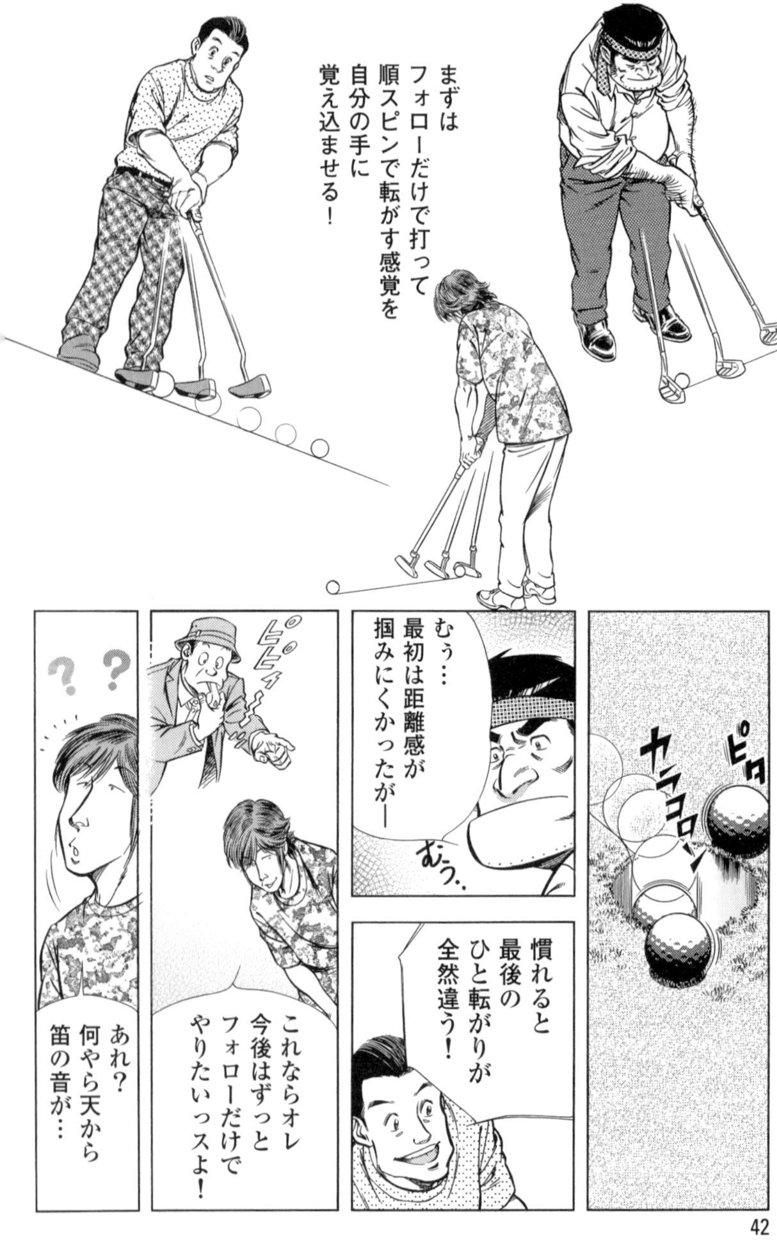
まずは
フォローだけで打って
順スピンで転がす感覚を
自分の手に
覚え込ませる！
ピタ
カラコロン
むぅ…
最初は距離感が
掴みにくかったが──
むぅ…
慣れると
最後の
ひと転がりが
全然違う！
ピピィ
これならオレ
今後はずっと
フォローだけで
やりたいっスよ！
??
あれ？
何やら天から
笛の音が…

そう思うのも無理ありませんけどそれは〝ルール違反!〟バックスウィングはしなきゃいけない
あっそうなんスか…
でも あくまでパッティングはフォローで打つ!フォローだけで打った感触を主軸にして——
ス
テークバックは少しの反動をつけるだけでいい!
ヒョイ
そう!テークバックはただの反動なんです!

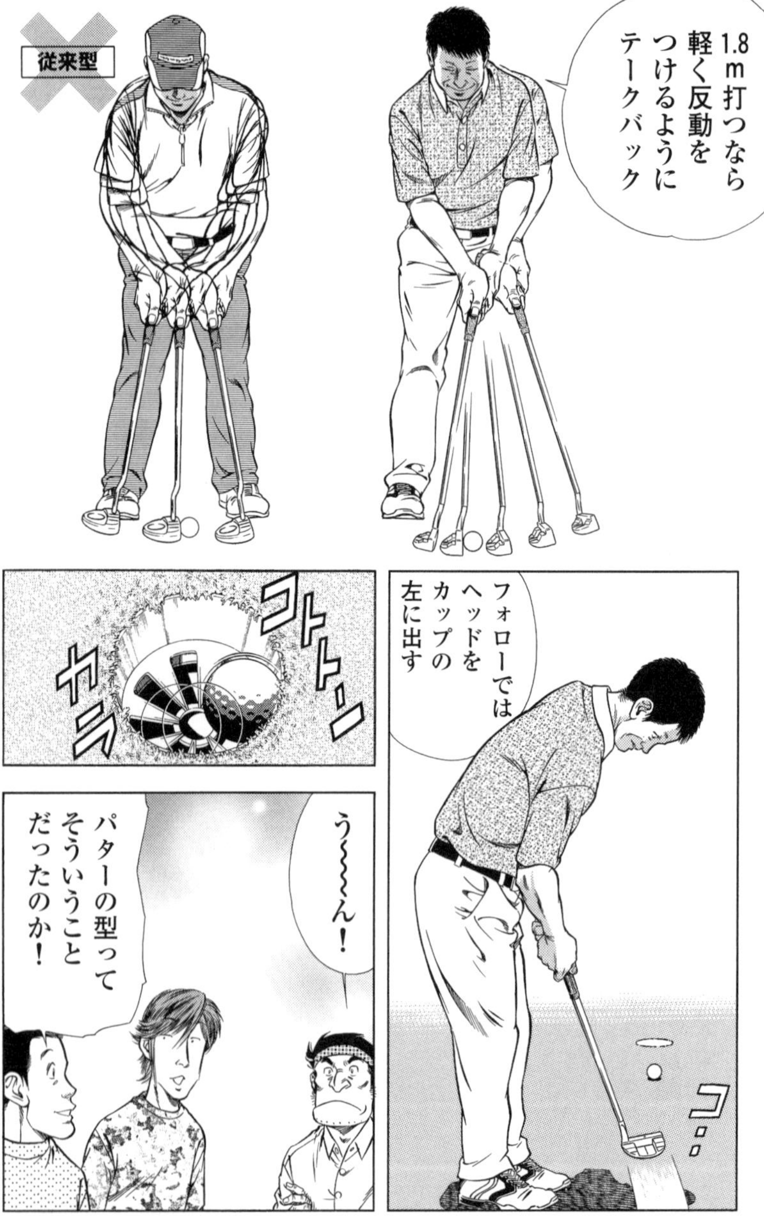
1.8m打つなら軽く反動をつけるようにテークバック
従来型
フォローではヘッドをカップの左に出す
コ…
コトトーン
カラ
う〜〜ん!
パターの型ってそういうことだったのか!

コトトーン
コロ…ン
ほら! フォローだけでパッティングする感覚を持てばバンバン入るでしょ 入らなくても次は絶対 入る距離に寄る
これがパット数激減の秘訣なんです!!

クォーターゴルフ理論 奥義 その3

「パッティングは順回転だからフォローで打て！」
「テークバックは ただ反動をつけるだけのもの」

第4話 セオリーは 1：2

GOLF FIELD
EAGLE
EAGLE
DOUBLE EAGLE
今日は また新しい生徒さんがいらっしゃるんですよ
真行寺さん……という方ですね
真行寺？
こりゃ きっと和服の似合う美人だぞ！楽しみじゃのー
えー ホントですかぁ？
ワシの美女センサーがビンビン反応しとる！

おっ
来たかな？
アラ…
ガッ
真行寺珍球っちゅうもんですが桑田プロはいらっしゃいますかのう？
はい！私が桑田です よくいらっしゃいました！
ずいぶん高性能な美女センサーですねぇ…
今日からよろしゅうお願い申します
ウルセー

その身なりから察するにやはり…
ども！
ウチの生徒さん
はい 仏門に仕える身ですわ ちょうど法事が終わった帰りに寄らしてもらいました
じゃあ早速レッスンにいきましょうか
どうもおおきに
更衣室はその奥です
とりあえずスウィングを見せてください
お坊さんのゴルフってのもなかなか興味をそそられるなぁ
悟りを開いたゴルフってどんなのでしょうね？

ほな打たしてもらいます
ビタ。。
ウゥ〜〜〜
ん？石みたいに動かなくなったぞ
精神集中でしょうか？
あの…真行寺…さん？
ムムム……
きえええええええええ!!
オリャ〜〜〜ッ!!

ドゴォッ
ボールを前にした途端人が変わった！
こりゃなんとも凄まじい…
フン！
フシュー
フシュー！
………！
そもそも悟ってるのならわざわざ習いに来たりしないですよねぇ…
ありゃハンドル握ると人が変わるタイプだな！

こりゃ 少々 力が 入りすぎて しもうて…
あれで 少々かい⁉
わ 分かりました もうフルショットは いいですから——
パターを やりましょう！
まあ そうですよね ……
あの スウィングじゃ パターから だわなぁ…
狙いは5mの このカップ！ でも大オーバーや 大ショートは いけませんよ！
クォーター理論の 基本は2パット！ だから ファーストパットは 入らなくても 2回で上がれる ように！
はい

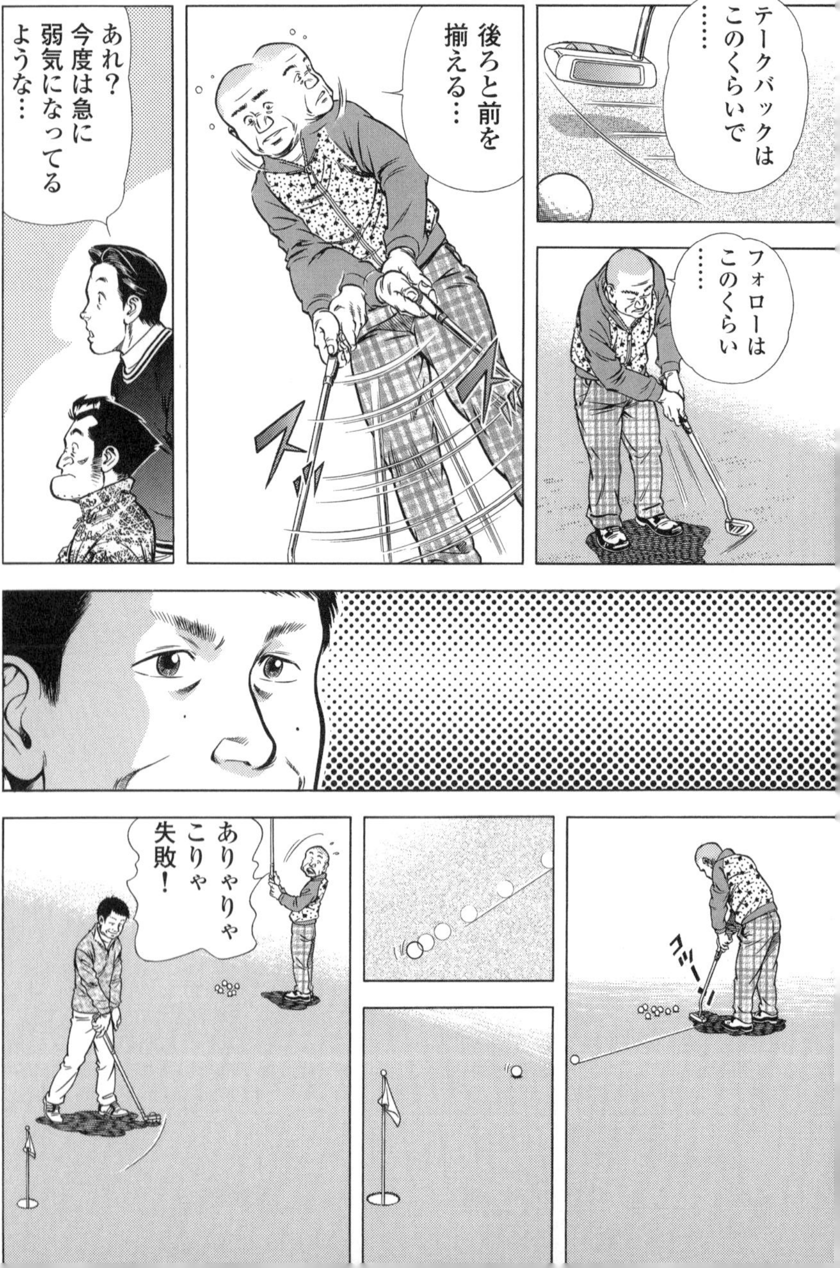
テークバックは
このくらいで
……
フォローは
このくらい
……
後ろと前を
揃える…
あれ？
今度は急に
弱気になってる
ような…
ありゃりゃ
こりゃ
失敗！

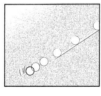

うわっ
このグリーン初めてやさかいタッチが合わへんのやろか…？
あれ？
ひゃあ！
あの人本当に坊さんか？ボールに惑わされっぱなしじゃぞ！
こ こんなはずは……変やなぁ振り幅は合うとるはずや！
おどおど…
はいストップ！もういいでしょう

こんな小さな白いボールに騙されてて……
よく それで人に説法ができますね!?
パシ
い いや…
まだまだ修行が足り〜〜んッ!!
喝
へへぇ〜〜!!
出た〜〜〜!いつもの過激発言!!
しかも本物のお坊さんに〝修行が足りん!〟っていっちゃった…!

ところで――
パッティングの振り幅に
ずいぶん こだわって
おられるようですが
はい
〝前と後ろの
振り幅を揃える〟
これが
パッティングの基本
ちゃいますの？
雑誌なんかにも
よく そう
書いとりますが…
まぁ…
一概に間違って
いるとは
いいませんが
……
その理論で
やっても
一生 距離は
合いませんよ！
おっ
桑田プロ
お得意の
セオリー壊しが
始まったよう
じゃぞ！
近くまで
行って
みましょうよ
自分達にも
参考になるかも
それに今の
珍球さんのストローク
実際には１：１に
なっていませんから！
それはない
でっしゃろ！
ほら！

たしかに振り幅は1：1で揃って…ますよねぇ
ウム
一体 プロは何をいおうとしとるんじゃ？
〝1：1にして1：1にあらず！〟ということです
これから私が1球で珍球さんの振り幅を本当の1：1にしてなおかつ距離を合わせてみせましょう！
？
何も考えずに振り幅を1：2に！テークバック1に対しフォロー2です！
1：1やのうて1：2？
ホンマにそんなんでエエのやろか？
1
2
カッ
コ…トン

おおっ入った！
タッチ
ドンピシャ！
珍球さんに限らず世のゴルファーの多くが振り幅を測る始点を誤解しているんですよ
ボールにパターヘッドをセットするその位置から1：1を測っているんです！
でも本当は振り幅を測る始点はボールであるべき！
ん――？ボールが始点？どういうことや？
ああっホンマや！
ボールの位置を基準にすると1：1になってへん！
フォローのほうが小さくなってしもてるッ!!
ボールの分を差し引くので当然ですね！

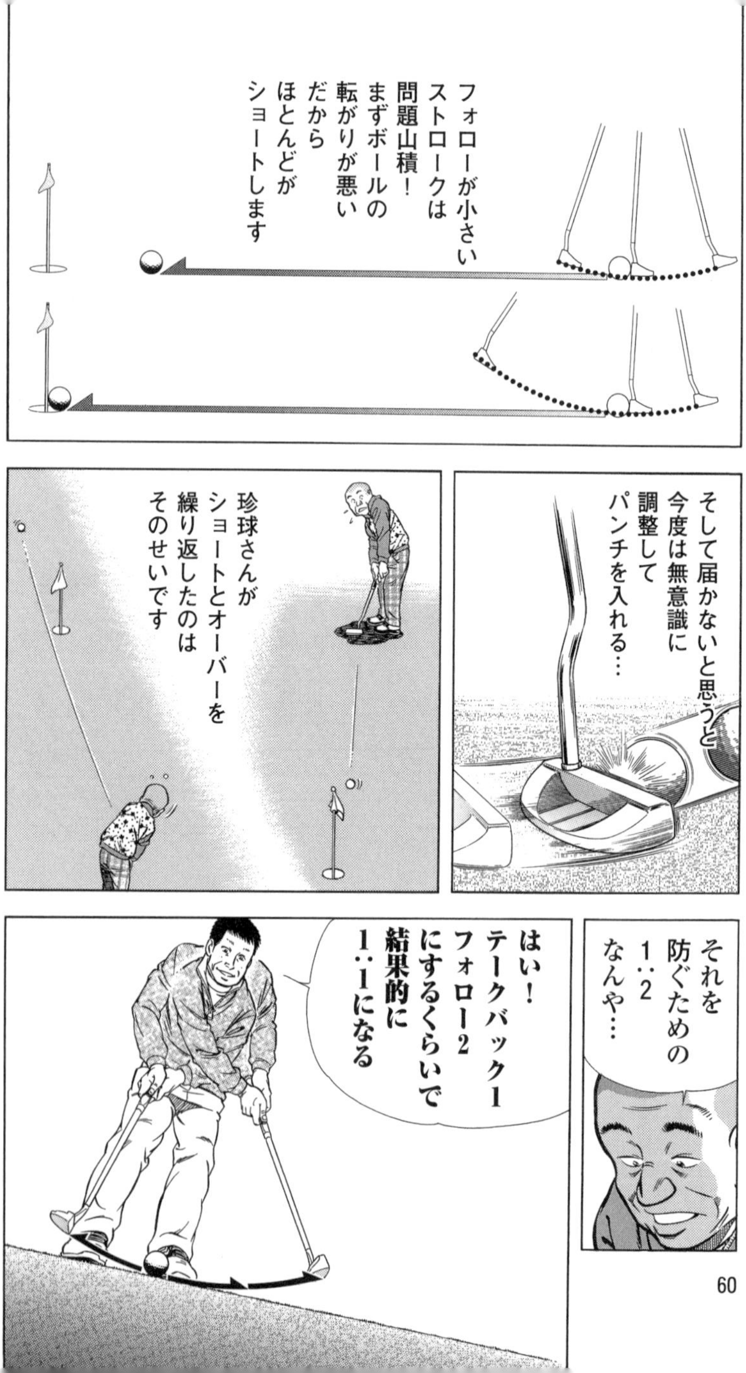
フォローが小さい
ストロークは
問題山積！
まずボールの
転がりが悪い
だから
ほとんどが
ショートします
そして届かないと思うと
今度は無意識に
調整して
パンチを入れる…
珍球さんが
ショートとオーバーを
繰り返したのは
そのせいです
それを
防ぐための
1：2
なんや…
はい！
テークバック1
フォロー2
にするくらいで
結果的に
1：1になる

さらにフォローを強く意識するようになるのでヘッドが出てボールの転がりも良くなる
さて今田さん！ヘッドが前に出やすいストロークはどんな効果がありますか？
今田さんの一番弱いアレですよ！
ここのパーパットを決めれば…
ベスト更新…！
プレッシャー
ええ～と〝プレッシャーに強い〟ですか？
ああっ打ってないィ～～～!!
ガチ
ガチ
ちびると誰でもヘッドが止まってしまうからのぅ…
そのとおり！クォーター理論のパッティングは常にフォロー重視！
いざという時ほど入るのはこの1：2のセオリーがあるからなんです！

桑田プロ…
あんさんの説得力は本物や！
どうでっしゃろ？
今からでも仏の道を極めてみぃひんか？
ええ坊主になるで！
あんまり違和感ないですね！
たしかに！坊主頭もしっくりくるな
プッ
勘弁してくださいよ！坊主頭は高校野球で卒業してますから

クォーターゴルフ理論 奥義 その4

「パターの振り幅はボールの位置を起点に考える!」

「テークバック１に対してフォロー2! だから寄るし、入る!」

世の中の
おっちゃんの
勘違い

五角形を保ったまま まっすぐ引いて まっすぐストローク

これでは下半身を動かしたり、体の軸を横にずらさないと
まっすぐストロークできず、芯に当たらない

だから

パターをまっすぐは間違い!

パターの“まっすぐ”とは
わずかにインサイドインの円運動するストローク

パター
レッスン
1

体の正面でやってみると
体を中心にパターが
円運動するのが
よくわかる!

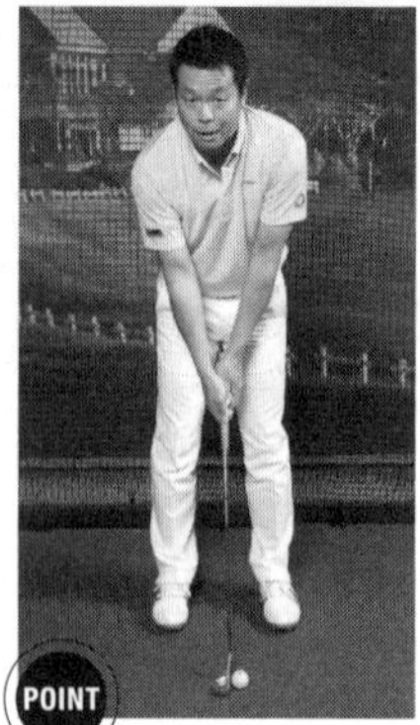

POINT

手をだらんと垂らした位置で、手のひらを合わせてパターをグリップすると、**両腕と肩でできる形は五角形ではなく三角形に近い**

プロは知ってるその理由 REASON

? イップスになったプロがなぜ長尺を使うのか?

それは、勝手に支点を中心にした円運動のストロークができるパターだからだ!

パター
レッスン
2

パター練習には この練習器具！

［パットマスター 1］

**やわらかシャフトで
ロングパットの練習に最適！
しなり戻りを待てるようになる。
だから、打ち急ぎを防げる！**

× ロングパットは振り幅が
大きい分、ヘッドの戻りを
待てず、芯を外しやすい

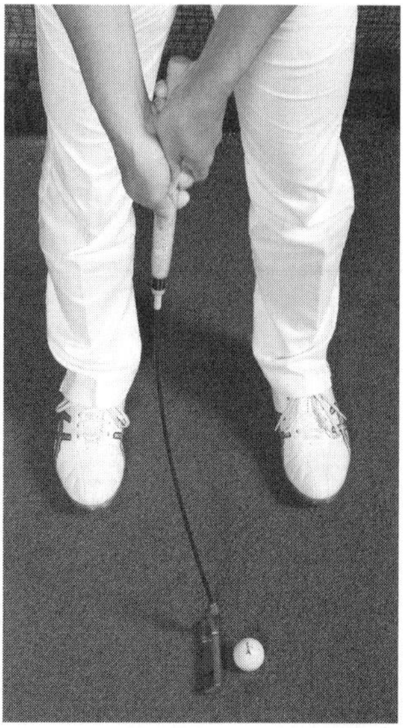

［パットマスター 2］

**円形ヘッドで一点しかない
芯に当てることに集中できる！**

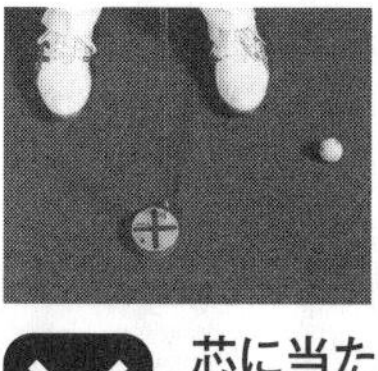

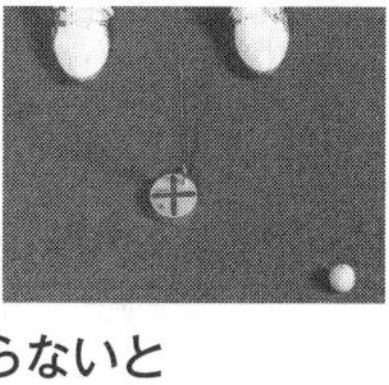

× 芯に当たらないと
まっすぐ転がらないから、
結果がすべてを教えてくれる

CHAPTER

2

S1 S2 アプローチ＆クォーター理論の中核

QUARTER METHOD

S1・S2

第5話

パット アプローチ

こんにちは——!
GOLF FIELD
EAGLE
DOUBLE EAGLE
今日から お世話になる 桜田恵子 と——
緒方美奈子です 初心者ですけど——
ようこそ! お待ちしてました
よろしく お願い しまーす!

やあどーも！
権藤といいます
ワシもここで
習っとるんですわ
今日からお仲間
ですなあ
ゴルフ歴は長いが
気持ちはまだまだ
若いから気軽に
声を掛けて
くださいよ
よろしくデス
権藤サン！
ペコリ。。
美奈子さんに
恵子さんなら
ミーちゃんに
ケイちゃんだな！
ガク
ガハハハッ
それは
古過ぎ！
いつの時代
やねん!?
――して
なぜにここに？
普通
女性ゴルファーの
スクール選び
なんて……
建物とか
インテリアの
雰囲気が
いいから！
やっぱり
スクールは
イケメンの
コーチが
いるところじゃ
なきゃね！

――ってな感じらしいが……
ここは……
コホン
しかしここに来たのは大正解だよ！
なにせこの桑田プロは……
すいませんね！綺麗でもイケメンでもなくて！
「2010年PGAティーチングプロアワード最優秀賞」じゃからの――!!

ミーちゃんもケイちゃんもこれからみっちり習えばプロも夢じゃないかもしれんなぁ！ガハハハハハッ!!
いえいえプロだなんて….
父がゴルフを習うなら絶対桑田プロに習え――って
ほう？
お父さん……？
実は先月の桑田プロのレッスン会に父が参加してたんです
どうもオーバースウィング気味でして
手打ちのクセがあるからなのかと思うんですが……

手打ちがダメなんじゃなくて手打ちしなきゃいけないんですよ！
ええッ！手打ちするんですか!?
パッキん
おおっ桑田プロのいうとおりだ!!
ああ！あの時の…
あれからというものずっと桑田プロの話してるんですよウチの父

私たちはまずラウンドで人の迷惑にならないように回りたいんです
ゴルフを楽しみたいので――
なるほど…分かりました！それでは女性や初心者がラウンドですぐに使えるとっておきの打ち方を教えましょう
最初はパターから始めましょう
そうそう！誰でもまずはパターから！パターから！
では…
パターでは絶対にボールを見ちゃダメだよー！

他人《ひと》のことより
自分のカリキュラムを
ちゃんとやりましょう！
はーーい！
「ボールを見るな」
だって……
それはない
よねーー
権藤さん！
いえ 本当ですよ
権藤さんは
あんなですけど
………
いってることは
間違っていませんよ
ウチでは
そう教えて
るんです
そーなん
ですか
初めて
聞き
ました

うん！
2人とも
なかなか
センスあるじゃ
ないですか！
それじゃあ
次にSWを
出してください
この辺りで
いいかな…
ええっ!?

なぜなら
初心者は
何も知らない
0の状態
だからこそ
10のことをやれば
+10になります

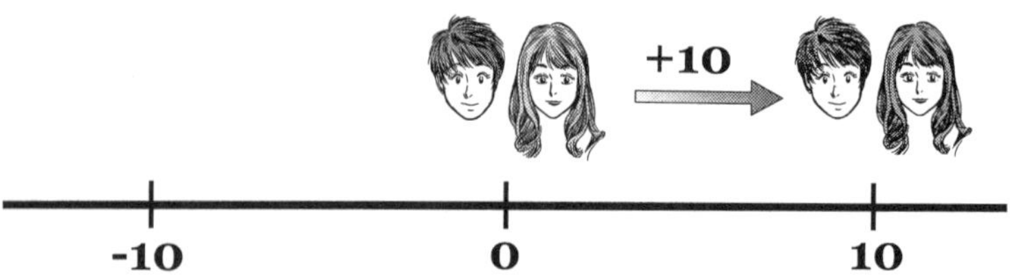

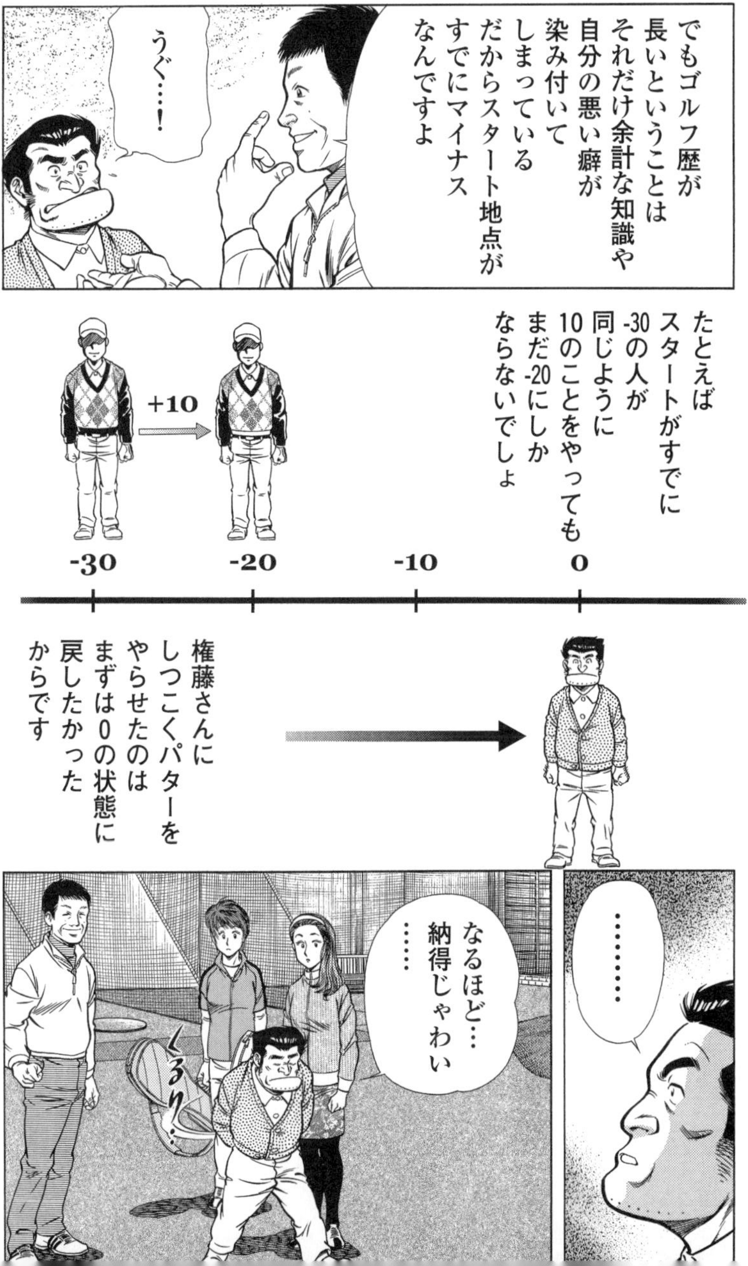
でもゴルフ歴が長いということはそれだけ余計な知識や自分の悪い癖が染み付いてしまっているだからスタート地点がすでにマイナスなんですよ
うぐ…!
たとえばスタートがすでに-30の人が同じように10のことをやってもまだ-20にしかならないでしょ
+10
-30
-20
-10
0
権藤さんにしつこくパターをやらせたのはまずは0の状態に戻したかったからです
…………
なるほど…納得じゃわい
……
くるり…

それじゃ
SWで
あのピンに向かって
アプローチして
ください
ガッ
あっ！
シュコッ

やっぱり
アプローチは
難しいわ
ふう…
そうね
なかなかちゃんと
当たらないね
では次に
同じ場所から
パッティングして
ください
はい
あーー
そうじゃありません
手にしてるSWの
ままでいいんです
そのSWを
パターだと思って
打つんです
SWをパターと
同じ構えをして
パターのように
打ってみてください

コッ
ピッ
えっ 何これェ!? 簡単!
ちゃんと アプローチの 球になってる!
よく覚えておいてください これがパッティングと アプローチの中間―― パットアプローチです!

でも不思議…
何回打っても
ちゃんと当たるわ
さっきは
ダフったり
トップばかり
してたのに…

パッティングは
パターを吊るすように
構えるでしょ

そうして
手首も下半身も使わず
肩の動きだけで
ボールを転がす

だから
ちゃんと当たるんです

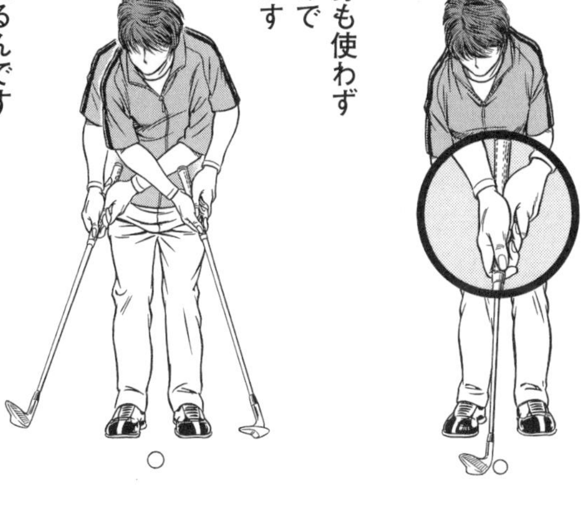

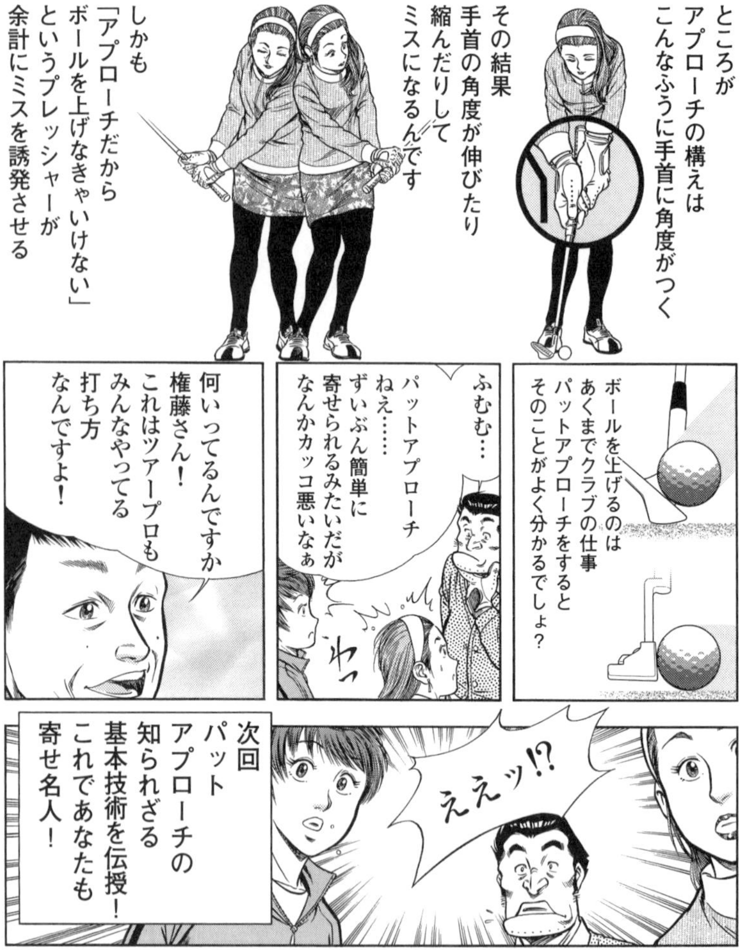
ところが
アプローチの構えは
こんなふうに手首に角度がつく
その結果
手首の角度が伸びたり
縮んだりして
ミスになるんです
しかも
「アプローチだから
ボールを上げなきゃいけない」
というプレッシャーが
余計にミスを誘発させる
ボールを上げるのは
あくまでクラブの仕事
パットアプローチをすると
そのことがよく分かるでしょ?
ふむむ…
パットアプローチ
ねえ……
ずいぶん簡単に
寄せられるみたいだが
なんかカッコ悪いなぁ
何いってるんですか
権藤さん!
これはツアープロも
みんなやってる
打ち方
なんですよ!
ええッ!?
次回
パット
アプローチの
知られざる
基本技術を伝授!
これであなたも
寄せ名人!

クォーターゴルフ理論 奥義 その5

「ゴルフ歴の長い人は初心者よりも基本練習をみっちりと!」

「パッティングのようにアプローチすればダフリ・トップはなくなる!」

第6話

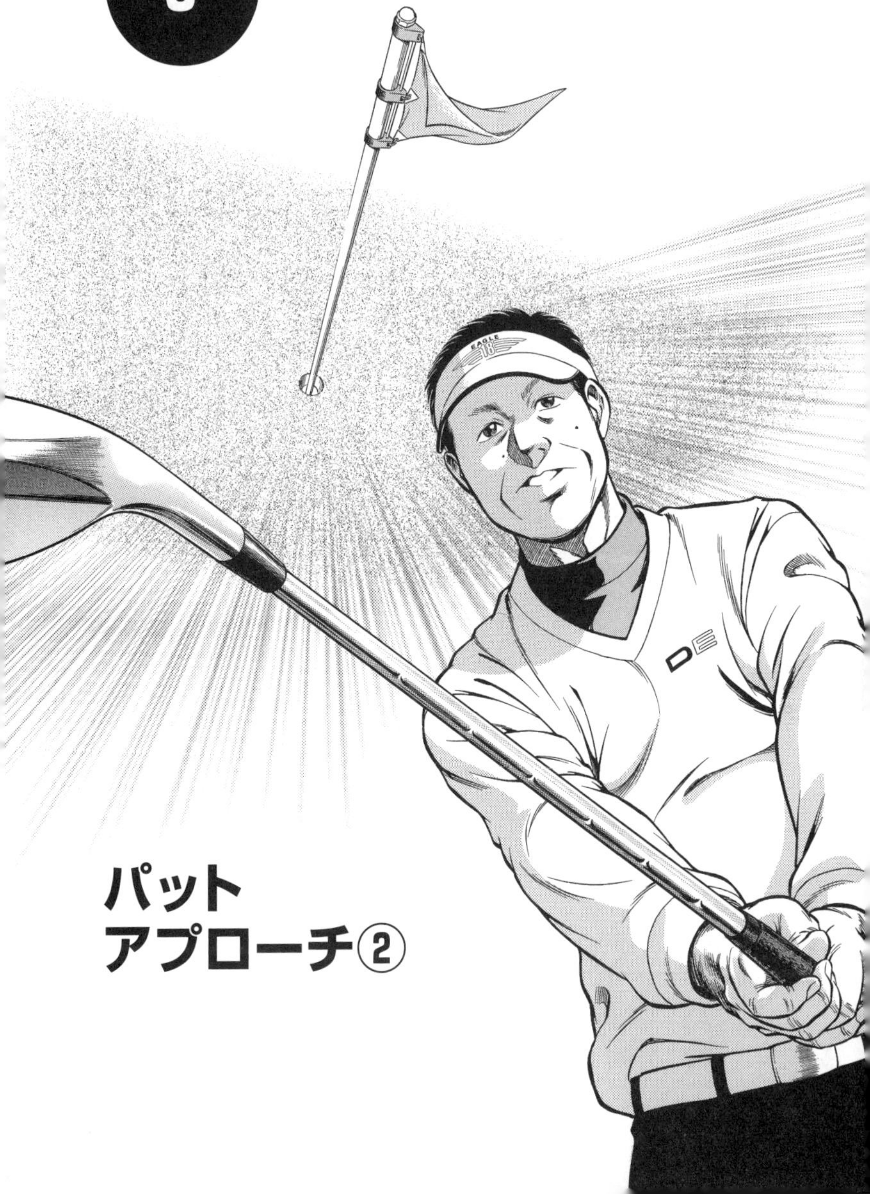

パット
アプローチ②

ふ〜〜〜ん パットアプローチねぇ…
SWをパターを持つように吊るして打つなんて
なんか素人丸出しの打ち方だなぁ…
何いってるんですか！これはツアープロの御用達アプローチでもあるんですよ！
SWをこうやってパターと同じように持ち
そしてパターと同じストロークで

ええっ
ホントに!?
……私
ゴルフ中継は
よく観ますけど
こんな打ち方をする
プロは見たことないです
いいでしょう!
じゃあ
ツアープロのする
パットアプローチを
見てもらいます
!
打つ!
そして
フォローを
とると
あら不思議!

あれェ〜？
むぅ…
普通にパットアプローチをしてたはずなのに……
そうです！プロもやっぱり格好つけたいし
見せるのも商売だからパットアプローチを普通のアプローチのように見せているだけなんです！
ほら！こうやってインパクトのあとでヒザを送り
左ヒジを抜くアクションを加えるだけでずいぶん見え方が違うでしょ

なるほど…
たったこれだけで
なぁ…
でも皆さんは
マネしないでください
左ヒジを抜く
タイミングが
早くなったりして
インパクトが抜けて
しまいますからね
カッ
あッ!!
ね!
く…っ

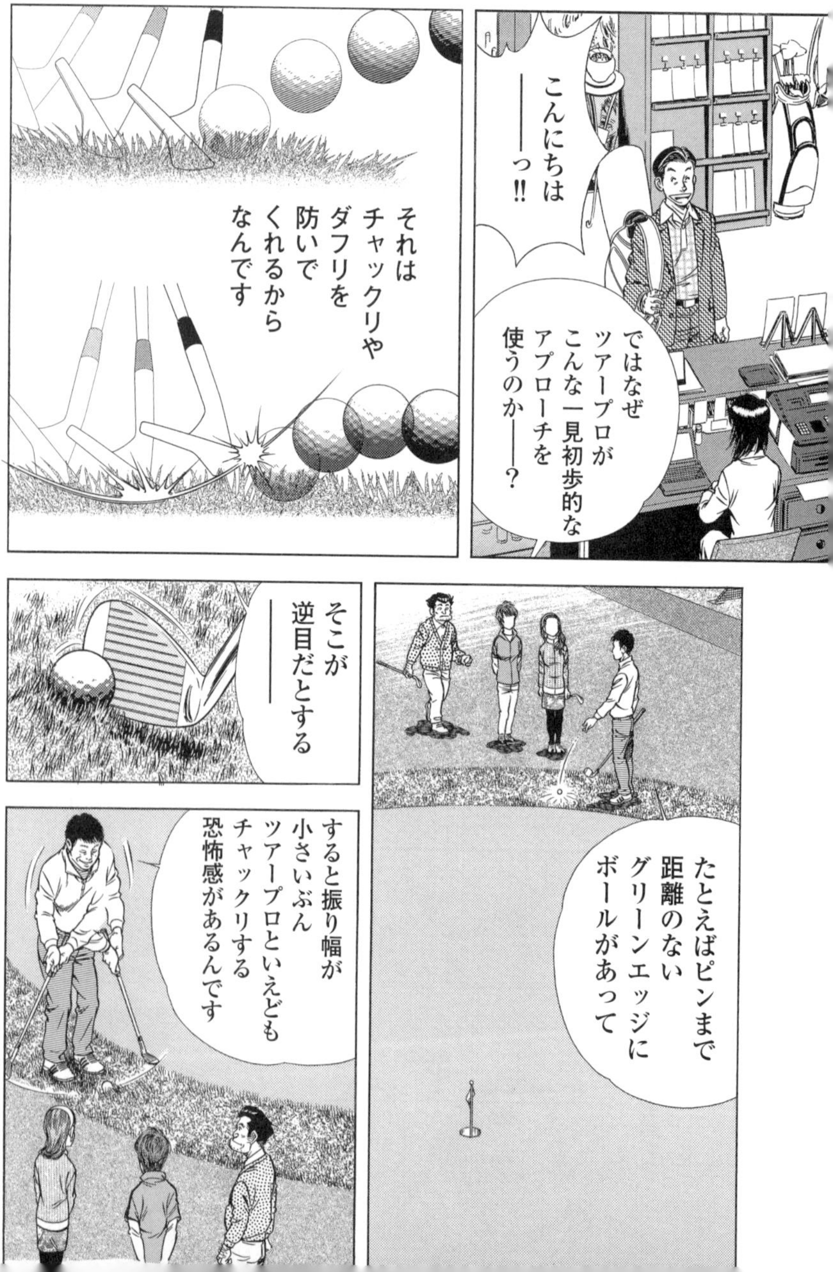
こんにちは——っ!!
ではなぜツアープロがこんな一見初歩的なアプローチを使うのか——?
それはチャックリやダフリを防いでくれるからなんです
たとえばピンまで距離のないグリーンエッジにボールがあって
そこが逆目だとする——
すると振り幅が小さいぶんツアープロといえどもチャックリする恐怖感があるんです

桑田プロ 今日も よろしく お願いします!
やあ! いらっしゃい あとでそっち 行くから
だから一番 確実で安全な パットアプローチを 使うわけ!
さて ここで パットアプローチの 次なる基本の 出番!
なぜパット アプローチは ダフリに強いのか? その理由は ここにあります
パット アプローチは アドレスで ヒールを 浮かせて 構えるもの なんです!

SWを吊るすようにに構えてヒールを浮かし肩でストロークする
素振りするだけでも何か気づきませんか?
アレ?なんか芝の抵抗が弱くなった気がする!
そっかぁ!
おっ
え!
ヒールを浮かせたぶん地面との接地面が少なくなって抵抗が減るのね!
OKです2人とも大正解!
イエーイ!!
あ〜ワシもいおうと思ったのに……

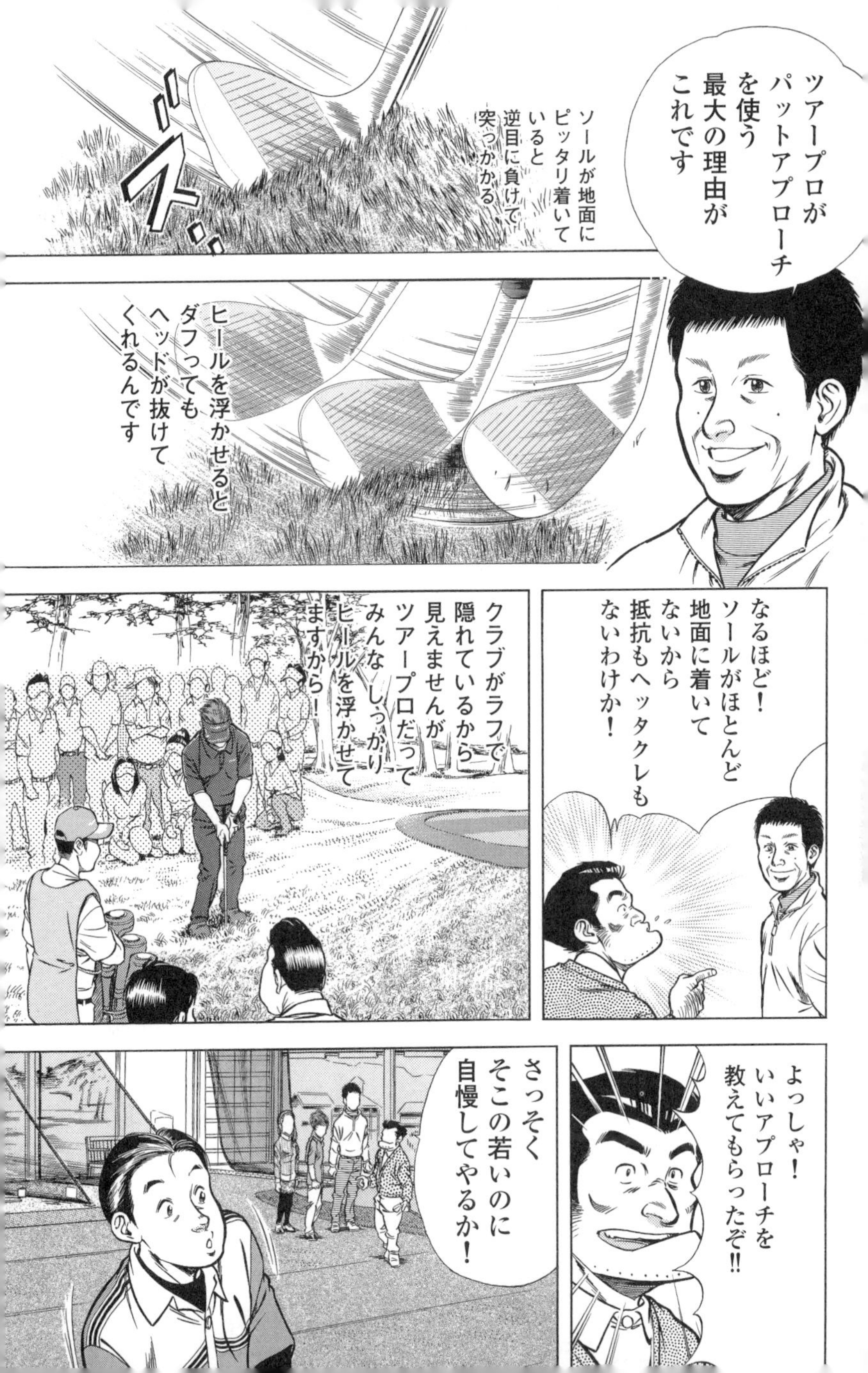
ツアープロが
パットアプローチ
を使う
最大の理由が
これです
ソールが地面に
ピッタリ着いて
いると
逆目に負けて
突っかかる
ズ…
ヒールを浮かせると
ダフっても
ヘッドが抜けて
くれるんです
なるほど！
ソールがほとんど
地面に着いて
ないから
抵抗もヘッタクレも
ないわけか！
クラブがラフで
隠れているから
見えませんが
ツアープロだって
みんな しっかり
ヒールを浮かせて
ますから！
よっしゃ！
いいアプローチを
教えてもらったぞ!!
さっそく
そこの若いのに
自慢してやるか！

おーいっ
そこの若いの！
いいこと
教えてやるぞー!!
ﾀﾀﾀﾀﾀﾀ…
あ〜〜〜あ…
まだ教えてない
大切なポイントが
2つもあるのに…
あら――
行っちゃった…
もう権藤さんは
放っておいて
先に進みましょう
ポイントの1つめは
フェース面を
目標に対して
まっすぐ構えちゃ
ダメってこと！
その理由を
コレを使って
説明すると…
シャキッ
カチン！
磁石で
くっつくよ

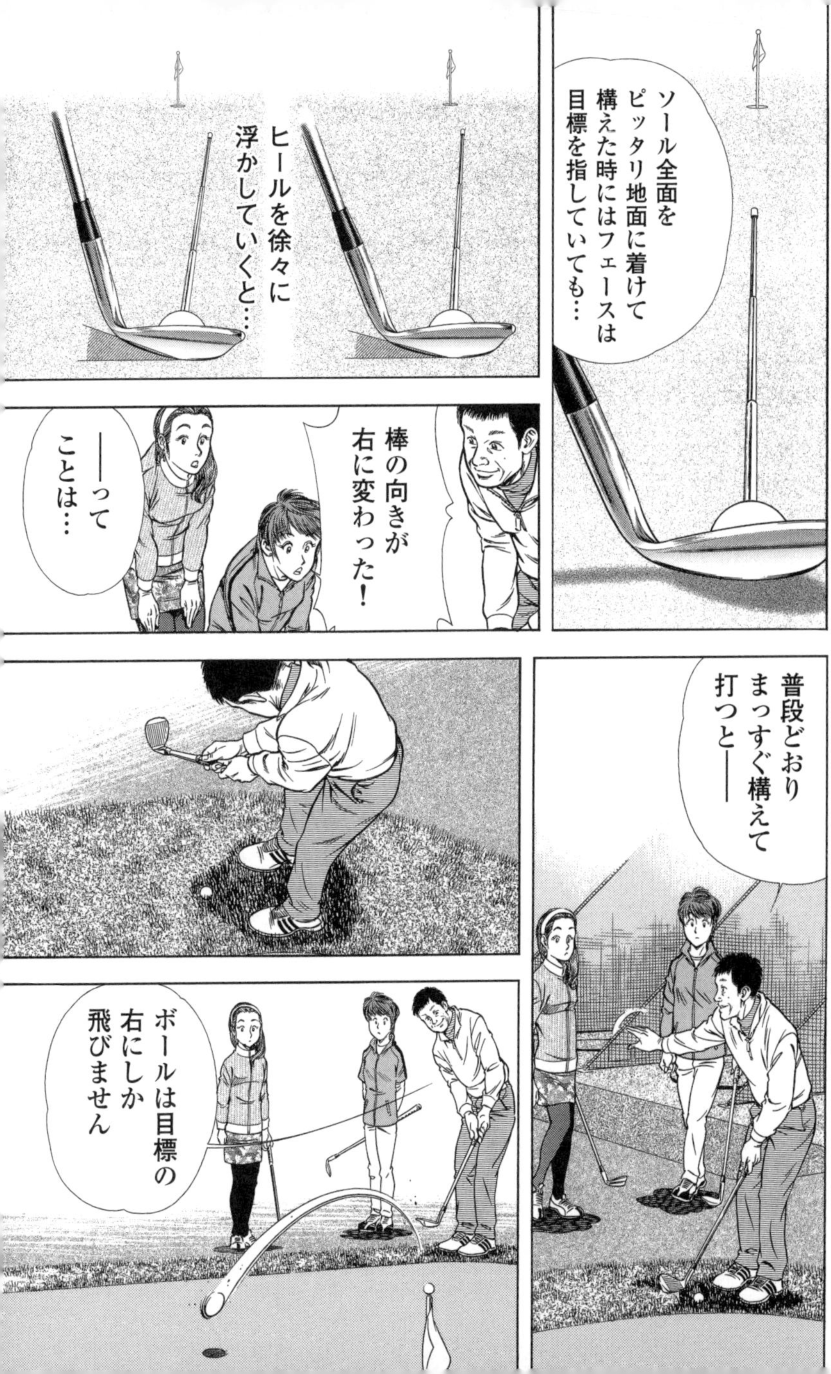
ソール全面をピッタリ地面に着けて構えた時にはフェースは目標を指していても…
ヒールを徐々に浮かしていくと…
棒の向きが右に変わった！
――ってことは…
普段どおりまっすぐ構えて打つと――
ボールは目標の右にしか飛びません

これホントに桑田プロ直伝なんですか？
右にしか飛ばないいんですけど…
汗
汗
むぅ…
お おかしいいな…
だからパットアプローチではフェースを少し左に向けて構える
これがパットアプローチにとってのまっすぐ！
でもこれはアイアン全ての番手でそうなるわけじゃなく
ロフトが大きいクラブほど右を向く度合いが大きい
7番アイアンならフェースの向きはさほど変わらないので左に向ける必要はありません

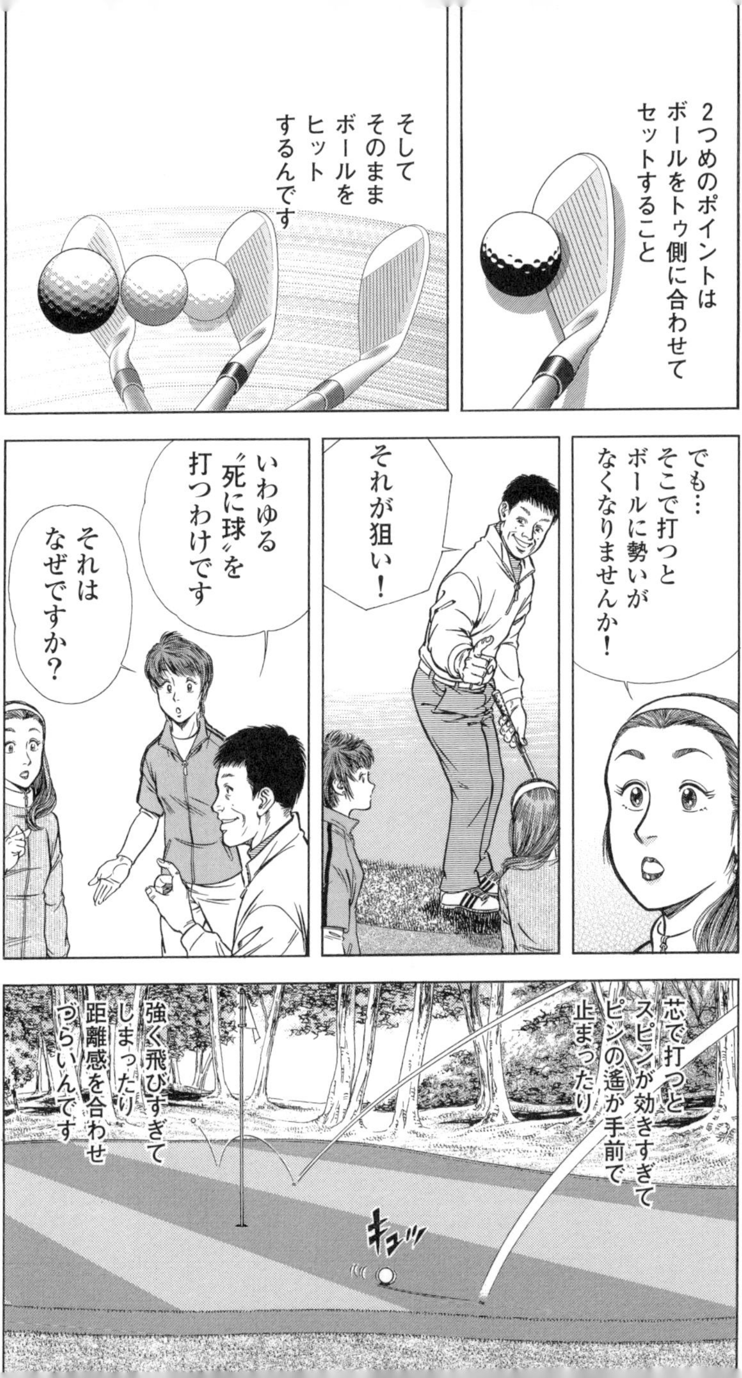
2つめのポイントは
ボールをトゥ側に合わせて
セットすること
そして
そのまま
ボールを
ヒット
するんです
でも…
そこで打つと
ボールに勢いが
なくなりませんか！
それが狙い！
いわゆる
〝死に球〟を
打つわけです
それは
なぜですか？
芯で打つと
スピンが効きすぎて
ピンの遙か手前で
止まったり
強く飛びすぎて
しまったり
距離感を合わせ
づらいんです
キュッ

だから
こうやって
死に球を
打つことで…

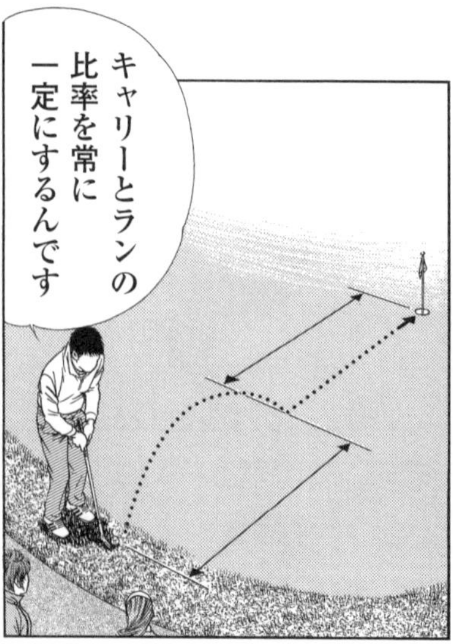
キャリーとランの
比率を常に
一定にするんです

つまり
距離に合わせて
クラブを持ち替えて
いけばOK！
振り幅を変える
のではなく
クラブを替えるんです

練習で
キャリーとランが
SWなら1：1
PWなら1：2
8Iなら1：3

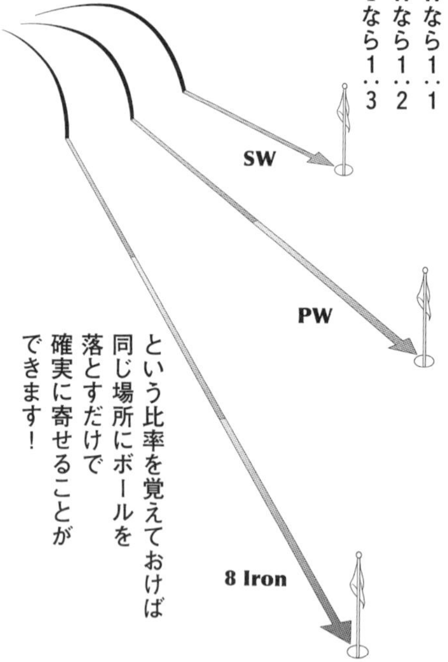
SW
PW
8 Iron

という比率を覚えておけば
同じ場所にボールを
落とすだけで
確実に寄せることが
できます！

ちょっと ちょっと! 桑田プロ!!
ダッ
ダダダダダ
このパットアプローチ 使いモノにならんぞ! 右にしか飛ばないいんだから!!
アハハハハハ ハハハハハ!!
なんだ?
そんなこと ないですよ! 権藤さん
私たちが やってみるので 見ててください ね
むむ!

ホラ!
ピタ。。
ナイスアプローチ!
えっ…!
なんでじゃ??
マヂで!?
他人《ひと》に自慢しようなんて邪《よこしま》な考えを起こした罰です!
また次に新しい女性の入会者が来る時までこの秘密はお預けですね!
え〜〜!
そりゃないよぉ〜

クォーターゴルフ理論 奥義 その6

「パットアプローチは地面からヒールを浮かせて構える」

「ロフトの多い番手ほどフェース面を目標より左に向ける」

第7話 ロングパットの距離感

カップまで20ヤード…
ここは桑田プロ直伝の…
パットアプロ――……
チ！
トン
トン…
いいカンジ！いけっいけ!!

よっっし！
おー―っ ナイス アプローチ！
あ〜あ！ ファーストパットが こんなに長いんじゃ…
けっこう 上ってますよ
そうね 10mは軽く ありそうねぇ
グリーンオン した意味が ないわ…
えい！
えーっ 全然 短い！

あ〜〜〜っ
しゅん..
コトン..
こんななら乗らないほうがよかったわ…
パットアプローチが使えるし……
そうよね…パットアプローチなら番手を変えるだけで距離を合わせられるけど…
パッティングは長くても短くてもパター1本だから自分で振り幅を調整しなきゃいけないし…ね
お父さんいくつ？
パー
えー〜
せっかくオンしたのに3パットもしてる娘に負けるもんか！
いーだ！絶対追い抜いてやるぅ！

DOUBLE EAGLE
GOLF FIELD
いつもこんなカンジで…
パットアプローチをマスターしたら寄せワン率は激上がりなのに…
え〜〜っこんなに上ってるのォ!?
ああっ強過ぎ!!
ロングパットだと必ず3パットか4パット…
もうアイアン打ったら…
シュパッ
ナイスショット!これはピンにまっすぐだぞ!恵子
やめて!乗らないでェ!!
——って叫んじゃうくらいなんです!
何だそりゃ!?

う〜ん…
まぁ
パットアプローチを
モノにしたら
そうなるのも
無理はないか…
ショートパットの
距離を合わせるのは
〝フォローだけで打つ〟
練習で――
〝テークバックは
反動だけ！〟
ですよね？
そうです！
皆さん 先日
集まって練習
してましたね
権藤さん
に…
いいかね！
ショートパットは
フォローだけで打つ！
フォローだけじゃぞ!!
あんな感じで？
はい
イヤって
ほど――
教わりました
だから
私たちには
ロングパットを
教えてください！
いいでしょう！
ニッコリ
そこから
このカップを
狙ってください
距離は ちょうど
8mです

8mなら……
このくらいかな…
恵子さんも美奈子さんももう その時点でダメでーす！
ええ!?
まだ何もしてないですよぉ!?
2人ともグリーンで練習するのは早いな…
恵子さん
手を
はい？
えっ!?
ちょっと桑田プロったら……
やだ…
ケータイ番号とか…？
まっ
あとで個人レッスンでもしようっていうのかしら
スポーツマンてストレートなのね

2人とも何勘違いしてるんですか！
あ！
はい！美奈子さんも
そこからそのボールを2m離れた
私に投げてください
はいOKです

じゃ次——
5m
ピッ…
これもOKですね！
では最後の3球目
さっきのパットと同じ8m
今度はちょっと遠いわね…
ウン
方向は多少逸れてもかまいませんよ距離感重視で——
受けるのは元野球小僧に任せて！
よぉし！
こんな感じかしら…

それ！
お！
2人とも
ナイス
コントロール！
でも…
これと
ロングパットと
どう関係
するんですか？
これが距離感を
掴むための
〝答え〟だから
ですよ
えっ!?
では順に
確認しながら
説明して
いきましょう
2人とも 今
どういうふうに
狙いを定めて
投げました？
ポイッ
えっ
え…と

目標を見ながら……
何度も投げるフリをして感じを掴んで投げました
じゃあ聞きますがその距離を投げるのに「腕をこのくらい動かそう」とか「どうやって投げよう」とかフォームを確認しましたか？
いえいえ！そんなことしてたら投げられないですよぉ
そっかぁ！ロングパットはそれなんですね！
おっピンときましたか
？
何？
キャッチボールとパッティングは一緒！
狙った場所にいけば良いということ！

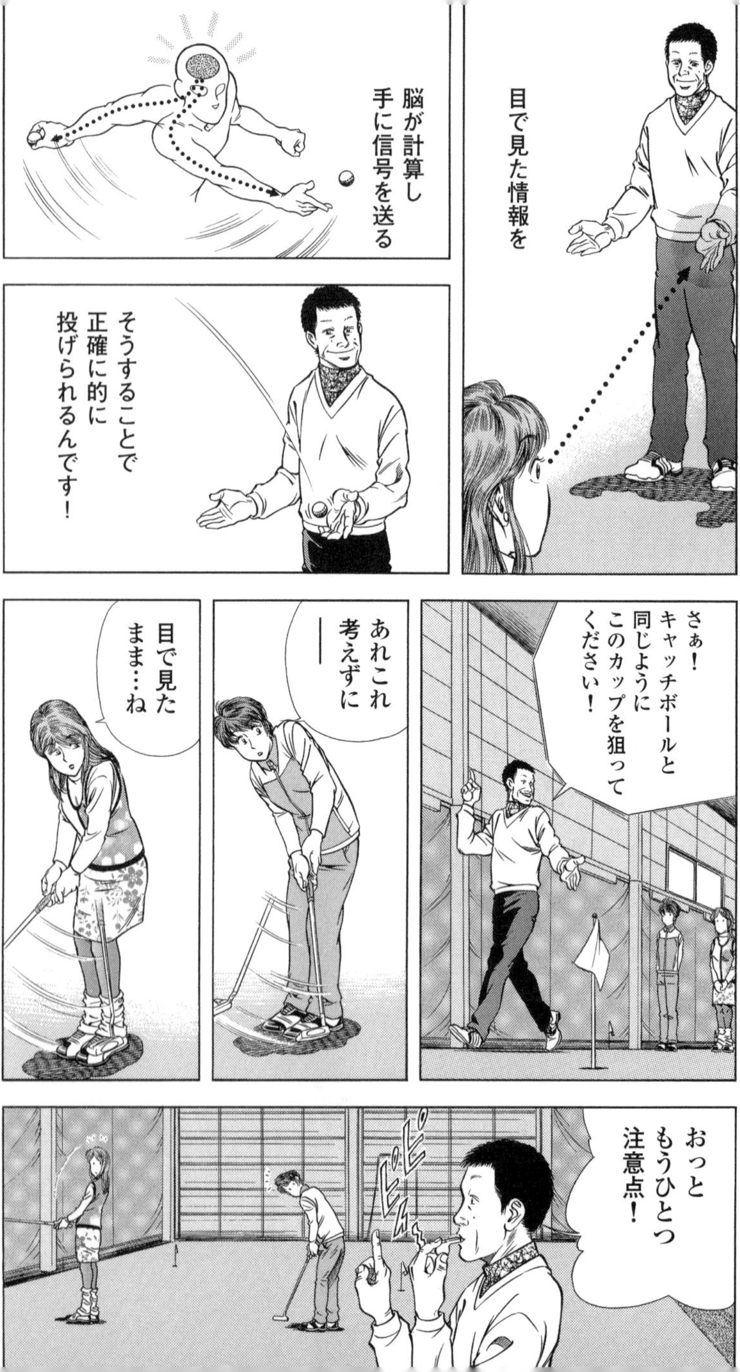
目で見た情報を
脳が計算し手に信号を送る
そうすることで正確に的に投げられるんです！
さぁ！キャッチボールと同じようにこのカップを狙ってください！
あれこれ考えずに—
目で見たまま…ね
おっともうひとつ注意点！

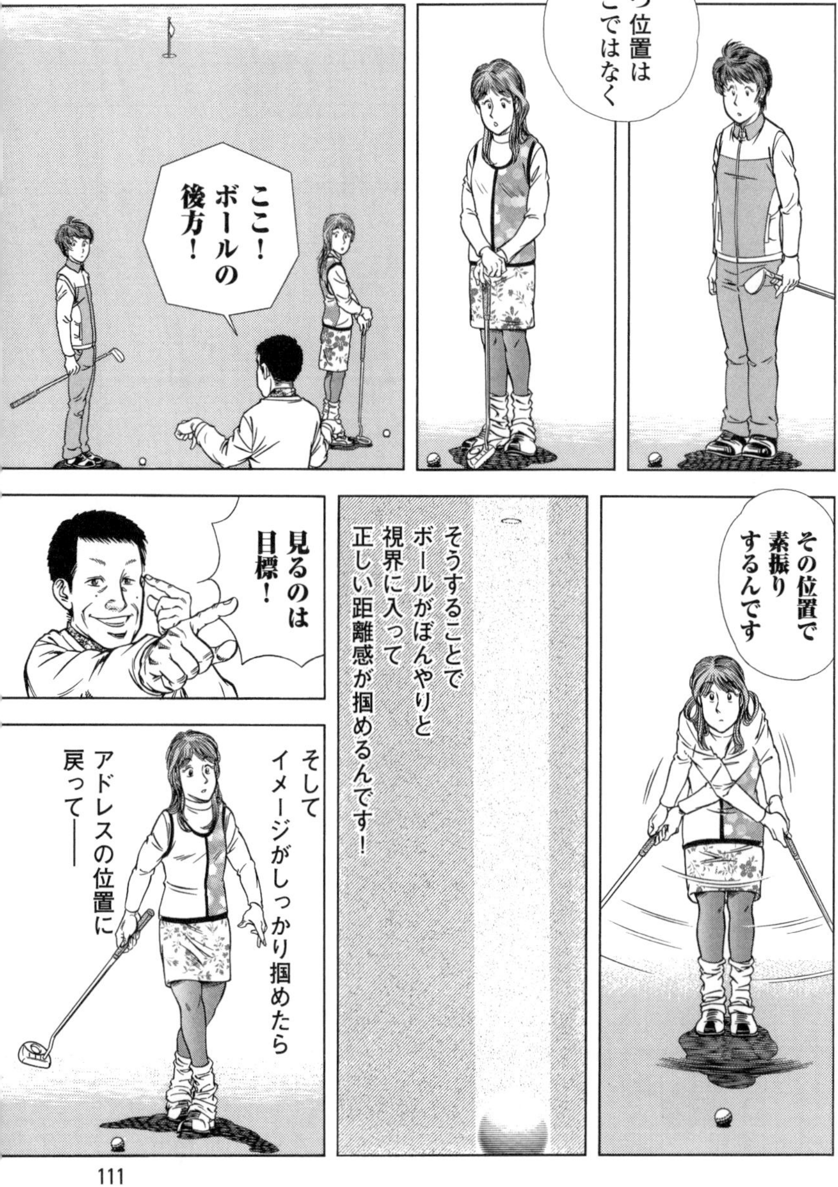

立つ位置は そこではなく
ここ！ ボールの後方！
その位置で 素振り するんです
そうすることで ボールがぼんやりと 視界に入って 正しい距離感が掴めるんです！
見るのは 目標！
そして イメージがしっかり掴めたら アドレスの位置に 戻って――

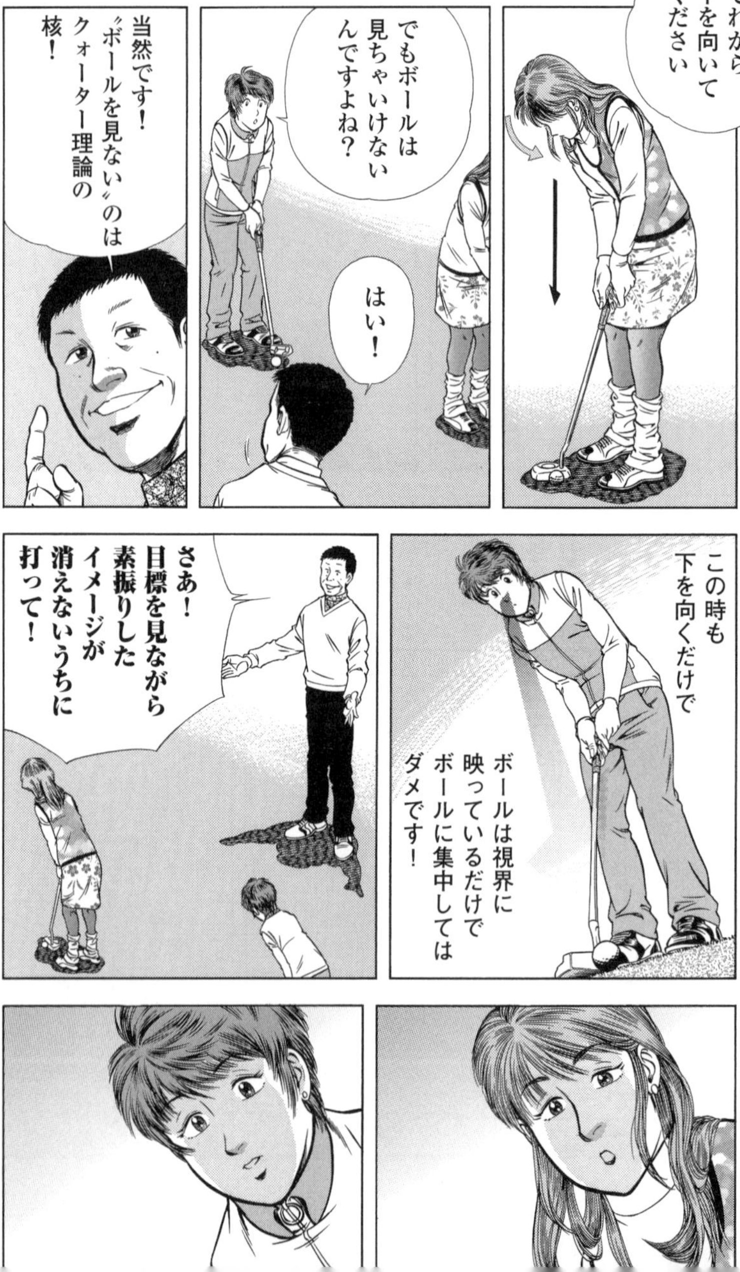
それから下を向いてください
はい！
でもボールは見ちゃいけないんですよね？
当然です！〝ボールを見ない〟のはクォーター理論の核！
この時も下を向くだけで
ボールは視界に映っているだけでボールに集中してはダメです！
さあ！目標を見ながら素振りしたイメージが消えないうちに打って！

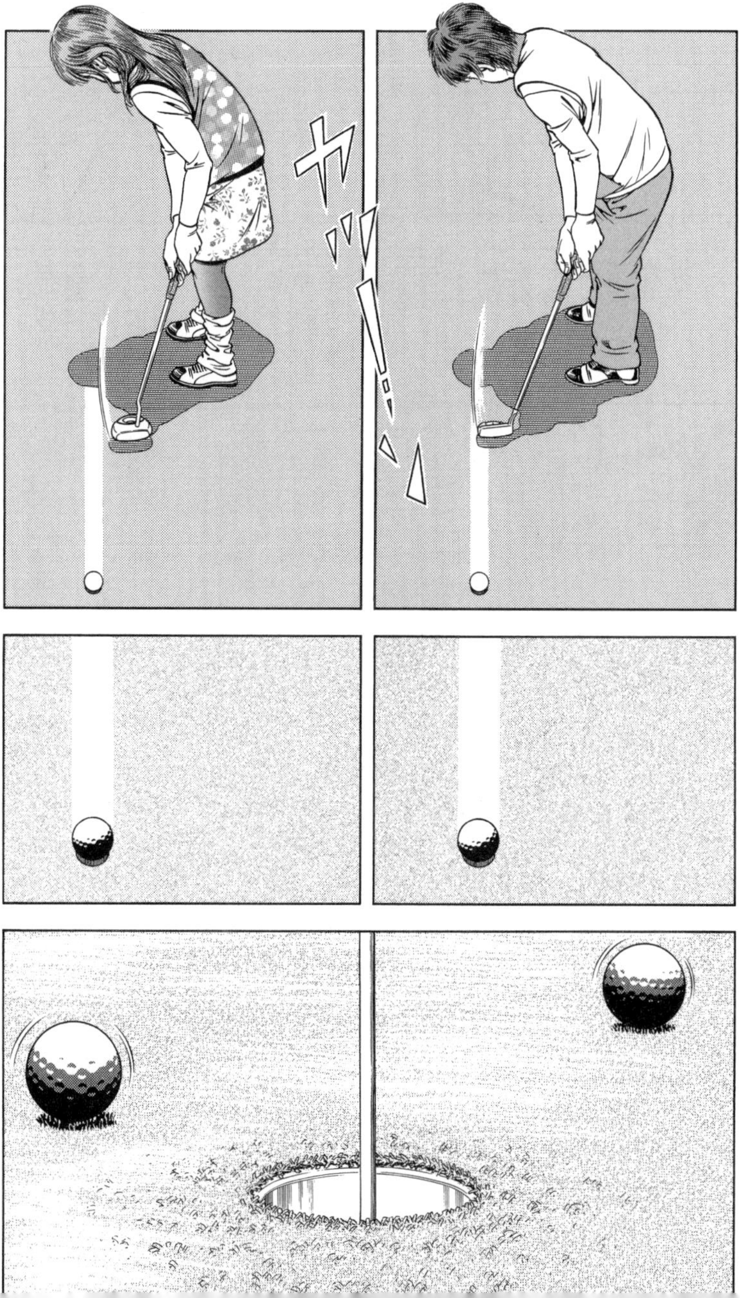
ヤッ!!

クォーターゴルフ理論 奥義 その7

「ロングパットの距離感は振り幅で考えてはダメ!」
「目標を目で見て素振り! 下を向くのはその後だ!」

第8話

アバウトでOK

DOUBLE
GOLF FIELD
アマチュアはフェースに直接ボールを当てるのがアプローチだと思っていますこれが間違い！
フェースに直接当てるんじゃない
〝芯〟に直接当てるんです！
そのためには必ずダフる!!
ウェッジはダフらなければ芯に当たりません！
おっやってるやってる！先輩

どうスか先輩調子は？
おー高橋！
それが自分でも信じられないんだけど……ちょっと見てくれよ
ザアッ
キュッ
ウオオオッ先輩スゲエ〜〜〜!!

あぁっ!!
トップ病で いつもグリーンから サヨナラ〜 してた人とは 思えないっスよ！
コロコロ‥
だろ――？ 桑田プロに たった1球 レッスン受けた だけで これだよ！
よおおし！ 先輩には 負けられない！
桑田プロ！ 今日もヨロシク お願いしまス！
おう！ 望むところだ！
そうそう！ お2人とも もっとダフって！

桑田プロ お電話が 入ってます
その調子で 続けてて ください
…………
ズシャッ
ザパッ
でもさぁ 高橋 こんなのって アリなのか？
は？
普通なら アプローチで ダフったら ザックリの チョロだろ？
ザッ!!
ザッ
そういわれて みれば 確かに そうっスね…

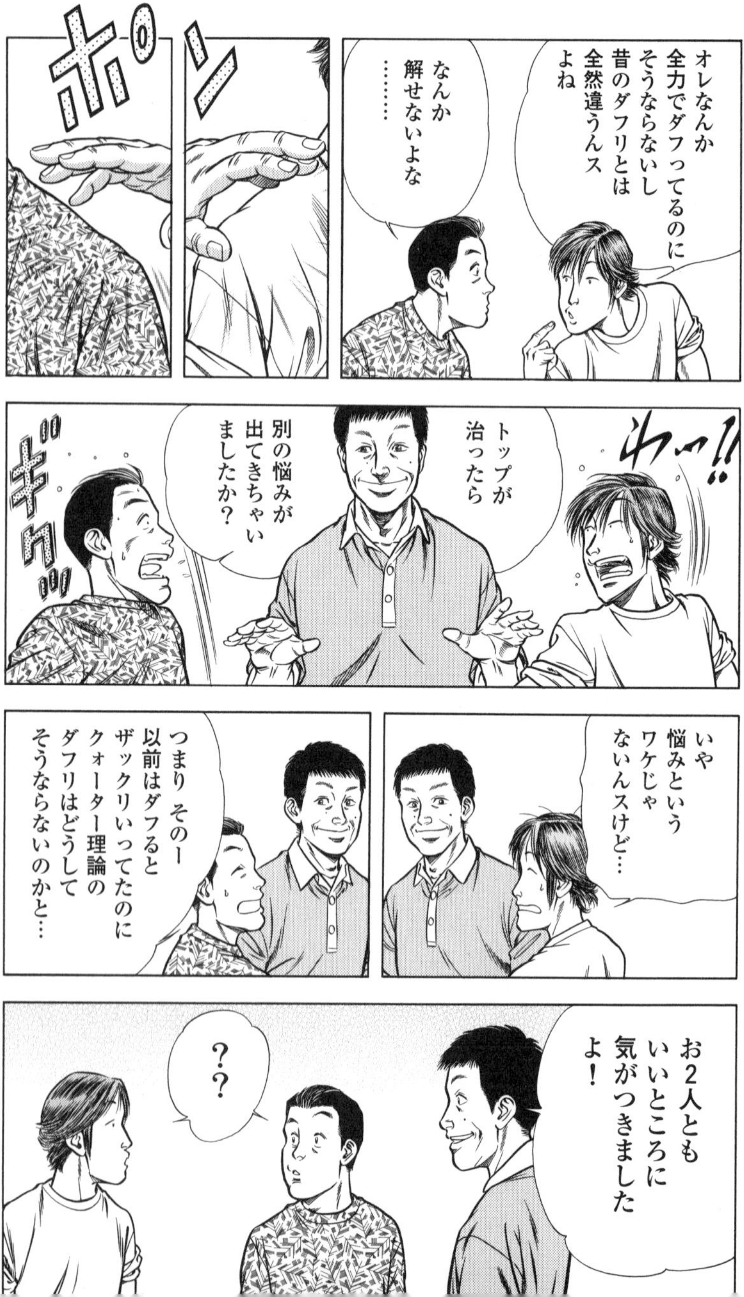
オレなんか全力でダフってるのにそうならないし昔のダフリとは全然違うんスよね
なんか解せないよな………
ポンッ
トップが治ったら別の悩みが出てきちゃいましたか？
ギクッ
ギクッ
いや悩みというワケじゃないんスけど…
つまり その一以前はダフるとザックリいってたのにクォーター理論のダフリはどうしてそうならないのかと…
お2人ともいいところに気がつきましたよ！
？？

それではまず――
私がどんな手順で
「ダフれ」と教えたか
思い出してください
まず構えたら
ちゃんとクラブを
入れようとか
そういう邪念を
振り払って
ボールを
直接見ない
――
そして
できればボールの
5センチくらい
手前に何か
目印を見つけて
ボールではなく
目印を見ながら
その目印自体を
打つつもりで
アプローチする
――
ですね！
そのとおりです
では 以前
お2人がダフって
いた時は
どうして
ましたか？
えーと……

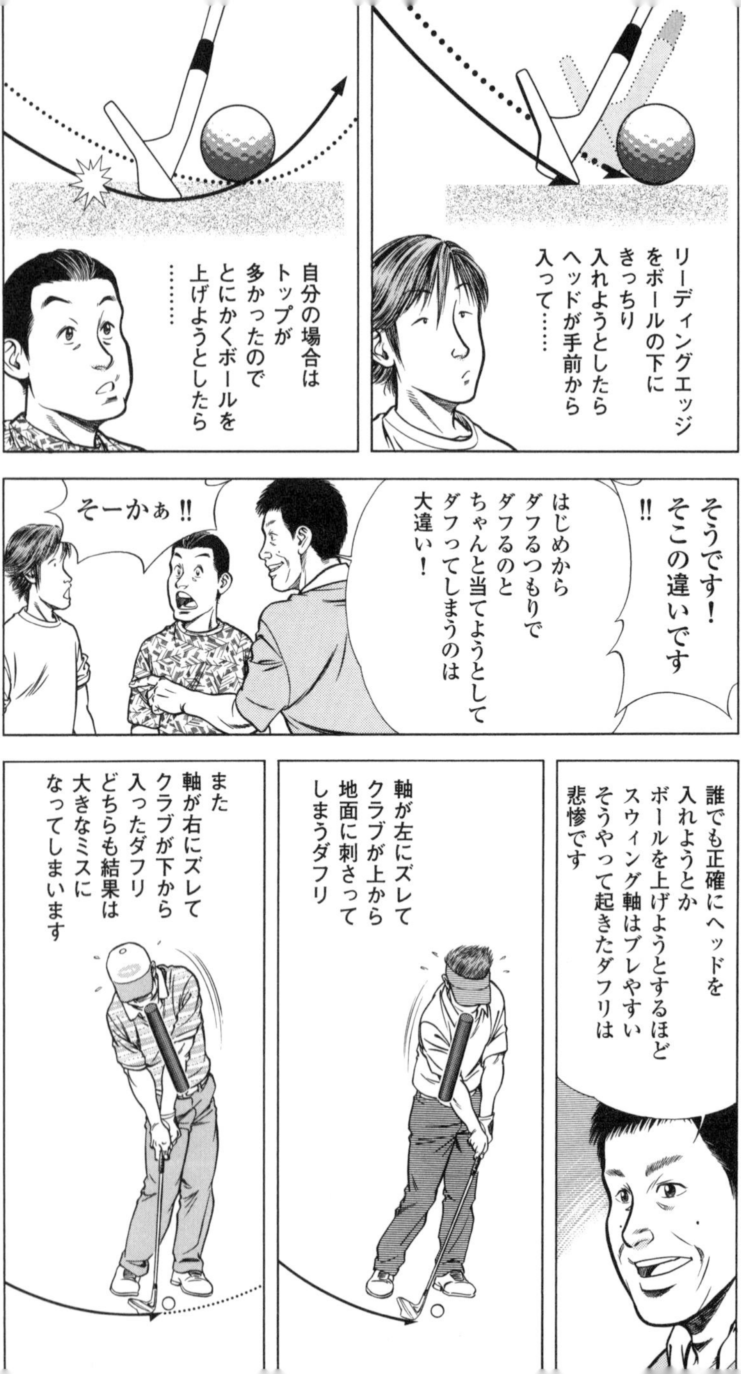
リーディングエッジをボールの下にきっちり入れようとしたらヘッドが手前から入って……
自分の場合はトップが多かったのでとにかくボールを上げようとしたら………
そうです！そこの違いです
‼
はじめからダフるつもりでダフるのとちゃんと当てようとしてダフってしまうのは大違い！
そーかぁ‼
誰でも正確にヘッドを入れようとかボールを上げようとするほどスウィング軸はブレやすいそうやって起きたダフリは悲惨です
軸が左にズレてクラブが上から地面に刺さってしまうダフリ
また軸が右にズレてクラブが下から入ったダフリどちらも結果は大きなミスになってしまいます

軸がズレると
ダフリにも
トップにもなる
ダフリとトップを
繰り返している人は
ほとんどが
これです
最初からボールの
手前5センチを
打つつもりで打つ
こうすれば軸もブレずに
自然なダフリが
できるわけです
トントトン
でも それだけで
本当にスウィング軸は
ズレないいんですか？
〝5センチ手前の
目印を打つ〟
というのも
それはそれで
プレッシャーが
かかると
思いますが…
いえいえ
ダフる度合いなんて
5センチでも
10センチでも
いいんですよ！
ええっ！
そんなに
アバウトで!?
プロぉ
いくらなんでも
10センチも
インパクトが
ズレたら さすがに
マズくないっスか？
じゃあ
実際にやって
みましょう
ピリリ‥

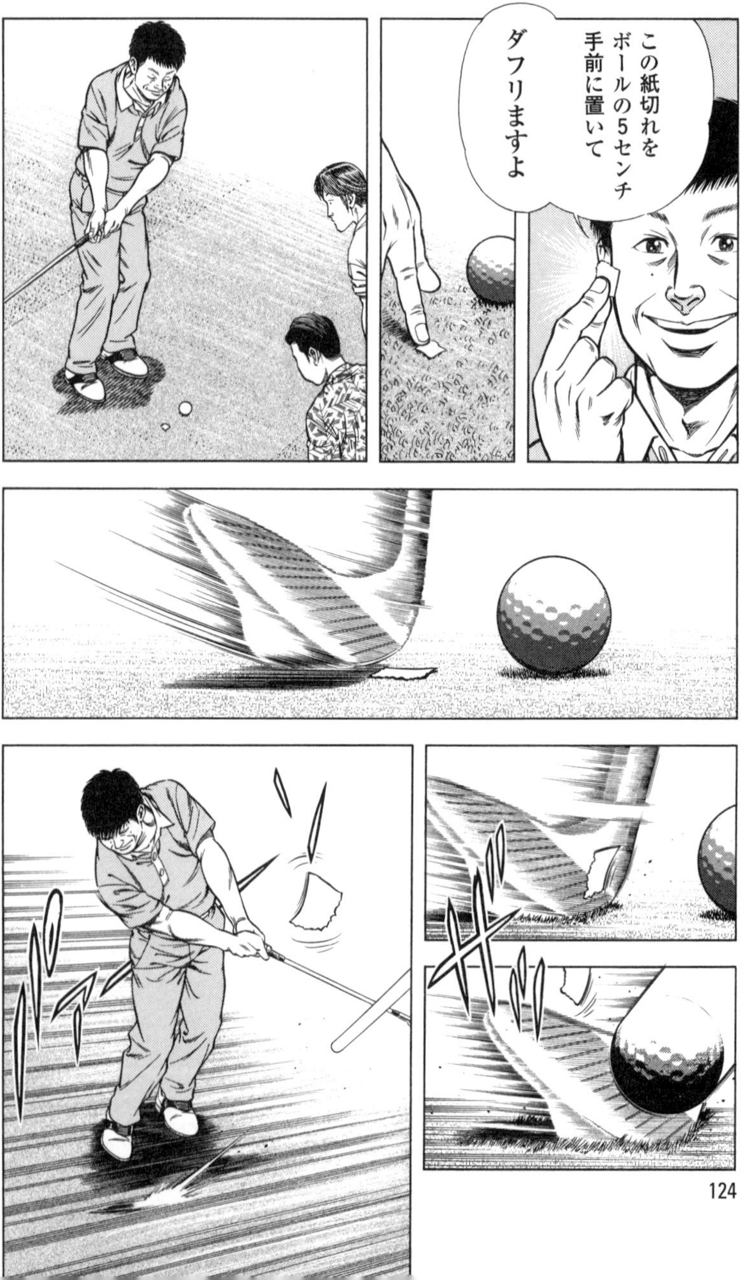
この紙切れを
ボールの5センチ
手前に置いて
ダフリますよ

キュキュッ
おおっ
次は問題の――10センチ後ろに置いて打ちますよ
ゴクリ。。
ザザッ

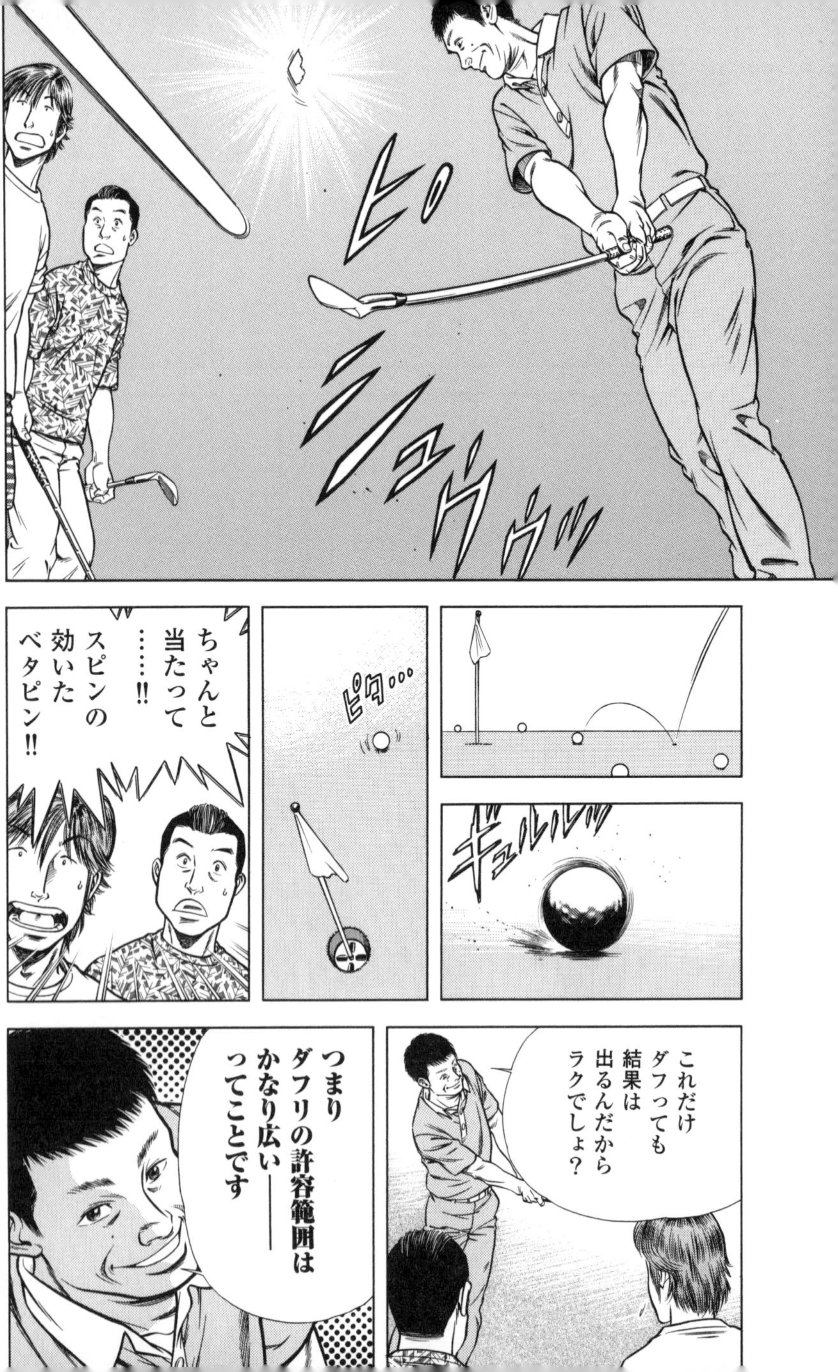
ヒュ
シュヴゥッ
ちゃんと当たって……!!
スピンの効いたベタピン!!
ピタ…
ギュルルッ
これだけダフっても結果は出るんだからラクでしょ?
つまりダフリの許容範囲はかなり広い——ってことです

「インパクトがここしかない」と思って打ってたアプローチと――
「このエリアのどこかをダフればいい」と思って打つアプローチでは――
プレッシャーの違いは明らか！
だって
適当!!
でいいんですから！
10センチ手前のどこかなら片手でだって打てるし
ザシュッ
ビッ

クォーターゴルフ理論 奥義 その8

「ボールの手前10センチのエリアのどこかをダフる！」
「アプローチはそのくらいアバウトに打てばいい…！」

第9話 旗に打つ弊害

GOLF FIELD イーグル18
EAGLE 18
〝ダフるアプローチ〟早く実戦で試したいなぁ！
それじゃあさっそく来週あたり予約入れちゃいますか？
おっそれ乗った！
よっしゃ！それまで近所の打ちっ放しで猛練習だ！
ブンッ
ブンッ
この際だし思い切ってウェッジも新調しちゃう――ってのはどうスか？
いいね――お前も買いに行くの付き合えよ
んじゃ会社の昼休みにでも行きますか
実は目をつけてるニューモデルがあるんだよ
…………

あれ？今日は2人ともラウンドだったんじゃ…
うまくいきました？
自分はまあまあだったんスけど………
…………
今日は見てろ――！桑田流アプローチと最新ウェッジでベタピンの嵐だぜ!!
すすごい気合いっスね先輩……
おう！今日からオレは生まれ変わる！

ピンまで
残り30ヤード
………
キラッ
いくぞ！
ザザッ
パアッ
ナイショッ!!
よし!!
ピンに
まっすぐ！
トーーン…

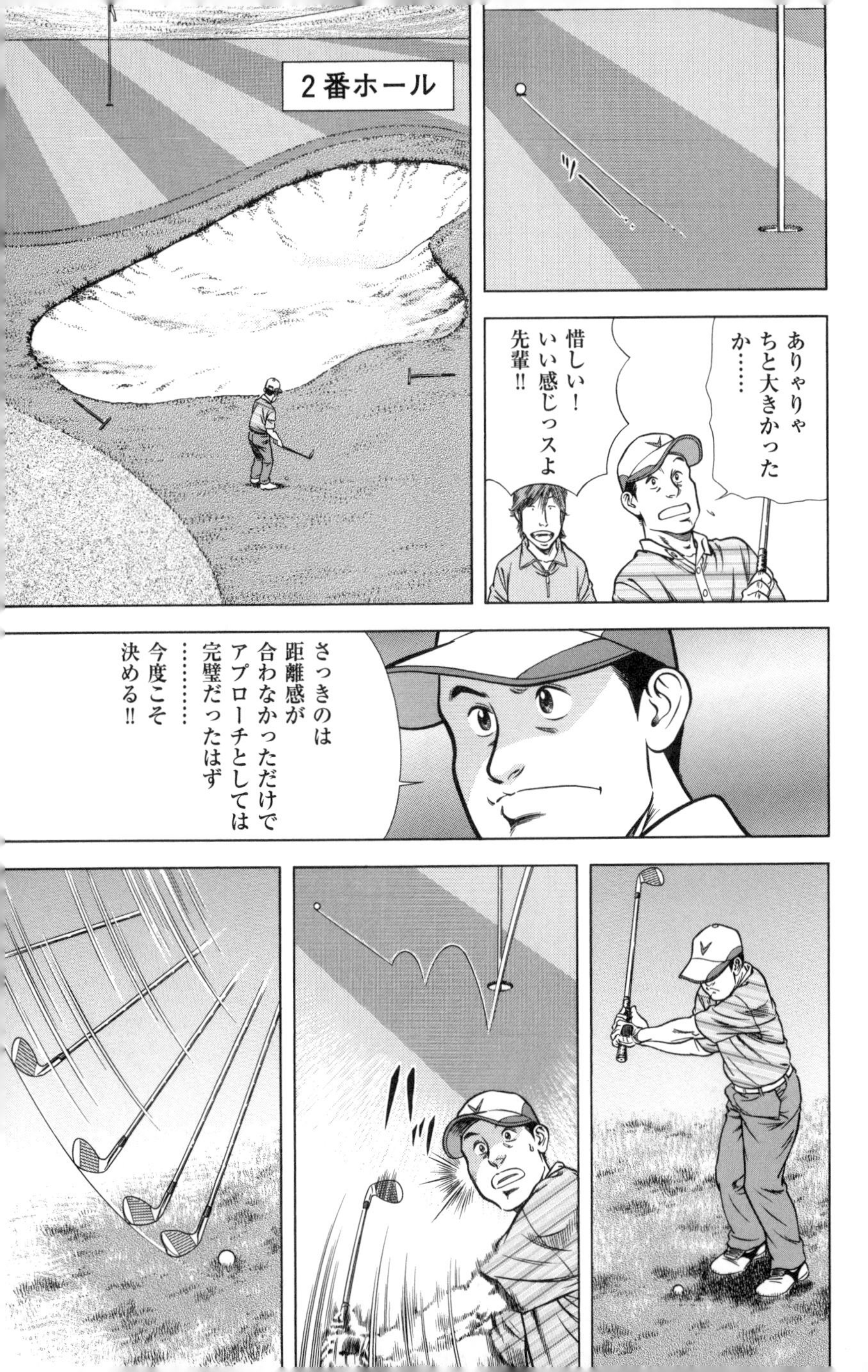
2番ホール
ありゃりゃ
ちと大きかった
か……
惜しい！
いい感じっスよ
先輩!!
さっきのは
距離感が
合わなかっただけで
アプローチとしては
完璧だったはず
………
今度こそ
決める!!

あっ!!
ザックッ…
ト…
桑田プロのレッスン通りちゃんとダフったのになぜ……!?
森のアプローチは結局一度もピンに寄ることはなかった……
ザクッ
ズシャッ
ガク…
センパーイトップ病の代わりに今度はザックリ病が…

――やっぱり…そうなりましたか……
ややっぱりって……!?
桑田プロはこうなることが分かっていたんですか!?
近所の打ちっ放しでアプローチの猛練習だ!
分かっていたというか…………ちょっと気になっていたことが……というのも先日の帰り際――
やっぱり あれから打ちっ放しに通ったんですか?
はいダフる感覚を体に叩き込もうと毎日
でもそれが何か?
確かにクォーター理論のアプローチはダフりが基本ですでも――それとは別に・・・・・ダメなダフりがあるんです
??
これは私が日頃から思っていることなんですが――

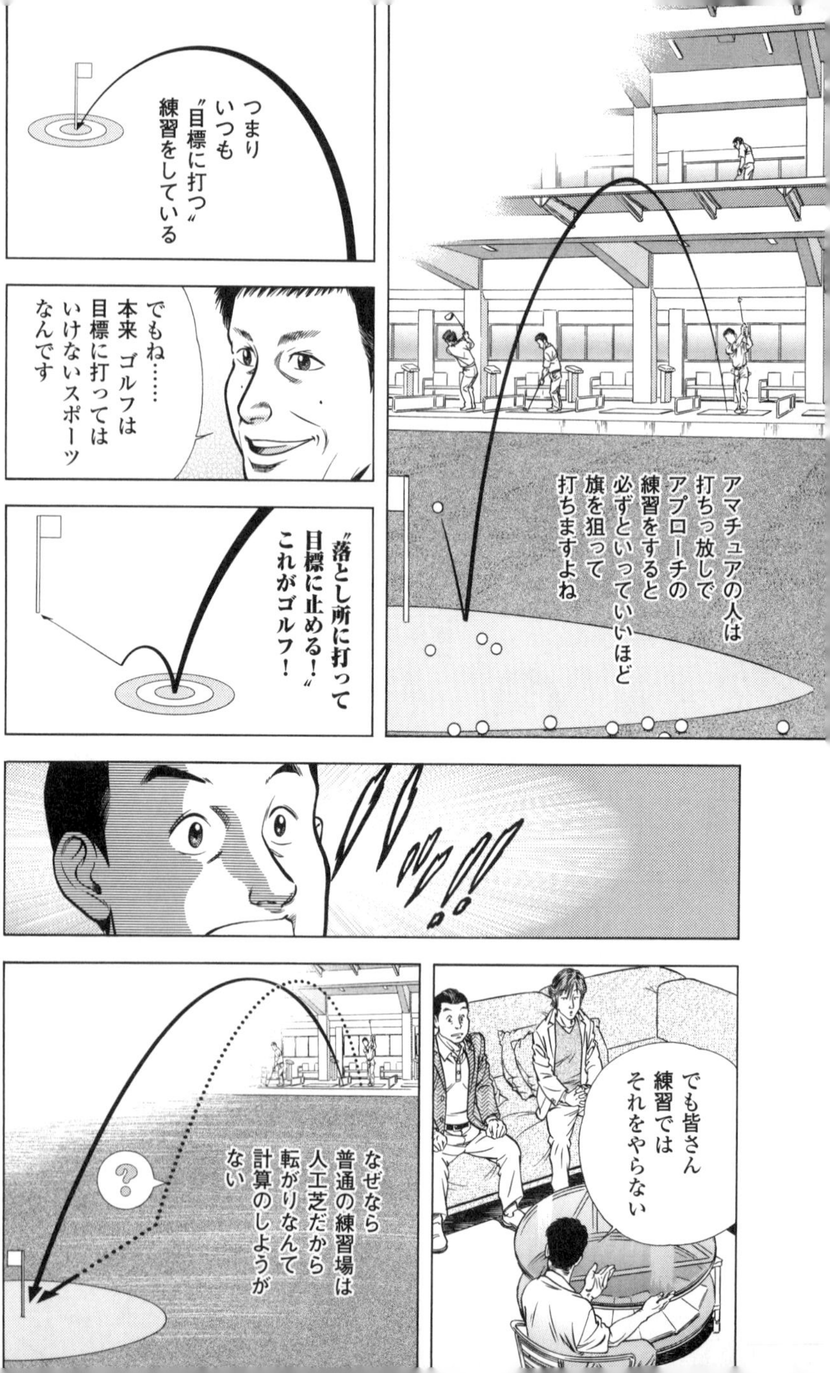
アマチュアの人は
打ちっ放しで
アプローチの
練習をすると
必ずといっていいほど
旗を狙って
打ちますよね
つまり
いつも
〝目標に打つ〟
練習をしている
でもね……
本来 ゴルフは
目標に打っては
いけないスポーツ
なんです
〝落とし所に打って
目標に止める！
これがゴルフ！〟
でも皆さん
練習では
それをやらない
なぜなら
普通の練習場は
人工芝だから
転がりなんて
計算のしようが
ない
?

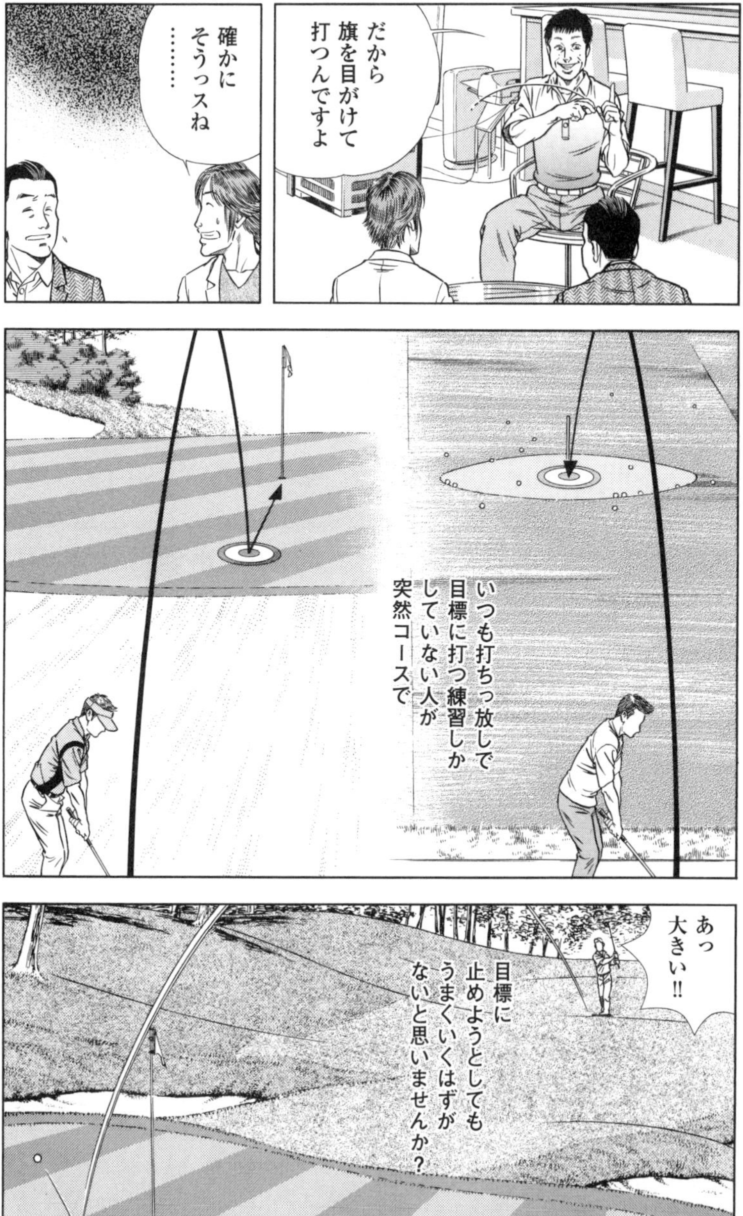
だから
旗を目がけて
打つんですよ
確かに
そうっスね
………
いつも打ちっ放しで
目標に打つ練習しか
していない人が
突然コースで
あっ
大きい!!
目標に
止めようとしても
うまくいくはずが
ないと思いませんか？

そして
その結果
何が起こるかと
いうと――
緩むッ!!
距離を
小手先で
合わせようと
して……
そうです
!!
ああ〜〜
そうかぁ!!
なるほど
距離を
合わせようとして
インパクトが緩む
緩んで
ダフるのは
最悪なんです!
だから
そうならないように
ここのグリーンは
本物と同じ転がりを
するように
作ってあるでしょ

高橋さんがまずまずのスコアだったのは
転がりを計算しそして目標に止める練習をしているからですよ
ここで普段から落とし所を明確に設定し――
エヘヘ…
あと　もう1つ――気になったことがあるんですが……
森さん　この間新しいウェッジを買うっていってましたよね？
あ　はい
これです最新モデルなんですけど…
Callaway

確かにウェッジ選びは重要ですプロもウェッジ選び——
特にソール形状や
バウンス角にはことさら気を使います
ただそれは正しいダフりが完璧にマスターできているからこそです
ダフるアプローチではここがとても重要になってきますからね
だから自分のフィーリングに合う滑り方をするウェッジにこだわるんです
ゲットップ!!
ところがまだダフりを完璧にマスターできていない森さんには……
ズシャッ!!
ズドッ

…………
自分の打ち方に合うウェッジがどれかなんて分かりようがない……
コクリ。。
打ちっ放しの猛練習と新調したウェッジこの2つが失敗でしたね
先輩！これ 良さげですよ
どれどれ

クォーターゴルフ理論 奥義 その9

「ダフる練習は距離感を合わせながら!」
「ウェッジの新調はダフりができてから!」

第10話
アドレスと
インパクトの
関係

これが正しいインパクトの形です!!
下半身は若干　左回転
ハンドバック
左体重は必要なし

正しいインパクトの形さえ知らずにそれを追い求めている！こんな滑稽なことを巷のゴルファーはやっているんです!!

でも皆さんは
悪くありません
それを教えない
プロばかりなのが
原因！
ほとんどのプロは
アドレスやトップ
フィニッシュばかり
教えたがる
なぜなら
そこが止まっているから
教えやすいし　マネもしやすい
スウィングの答えは
インパクトにある
インパクトが
正しければ
誰でも
上級者に
なれるんです！
ロイヤルゴルフレンジ

いいねーコレ!
飛距離も出てる!
でも……正しいインパクトには正しいアドレスも大切って桑田プロはいってましたけど……
確かに……
アドレスとは似ても似つかないこんなヘンテコな形
一見似ても似つかないように見えるかもしれませんが実は そうではないんですよ

いいでしょう！
これから私が
やることを
よく見ててください
正しい
インパクトから
………
下半身を
ゆっくりと元に
戻します
すると
ハンドバック
だったグリップも
それにつられて――
ほら！
ちゃんと
アドレスに
戻ったでしょ
変だという
インパクトも
実は正しい
アドレスと連動
しているんです
ええっ!?
そんなっ!!

逆に——
今まで正しいといわれている
左足体重＋《プラス》ハンドファーストの
インパクトじゃ下半身の回転を
戻しても……
ほら！
ハンドファースト
だけが残った
こんなアドレスに
なる
どんなアドレスを
していようと
正しいインパクトをするのは
不可能ではありませんが
ほとんど〝運任せ〟の
レベルのスウィングに
なるでしょうね
なるほど——
正しいアドレスをして
軸回転で
スウィングするって
すごく大切なこと
なんですね
そのとおり！

ところで皆さんは
S1の復習は
しっかりやってきて
くれましたか?
は——い!
読んでますよー
それでは ここで
正しいインパクトの
基になる
スウィング軸について
お話ししましょう
これは
S1からS2に
移行する時の
ポイントでも
あります

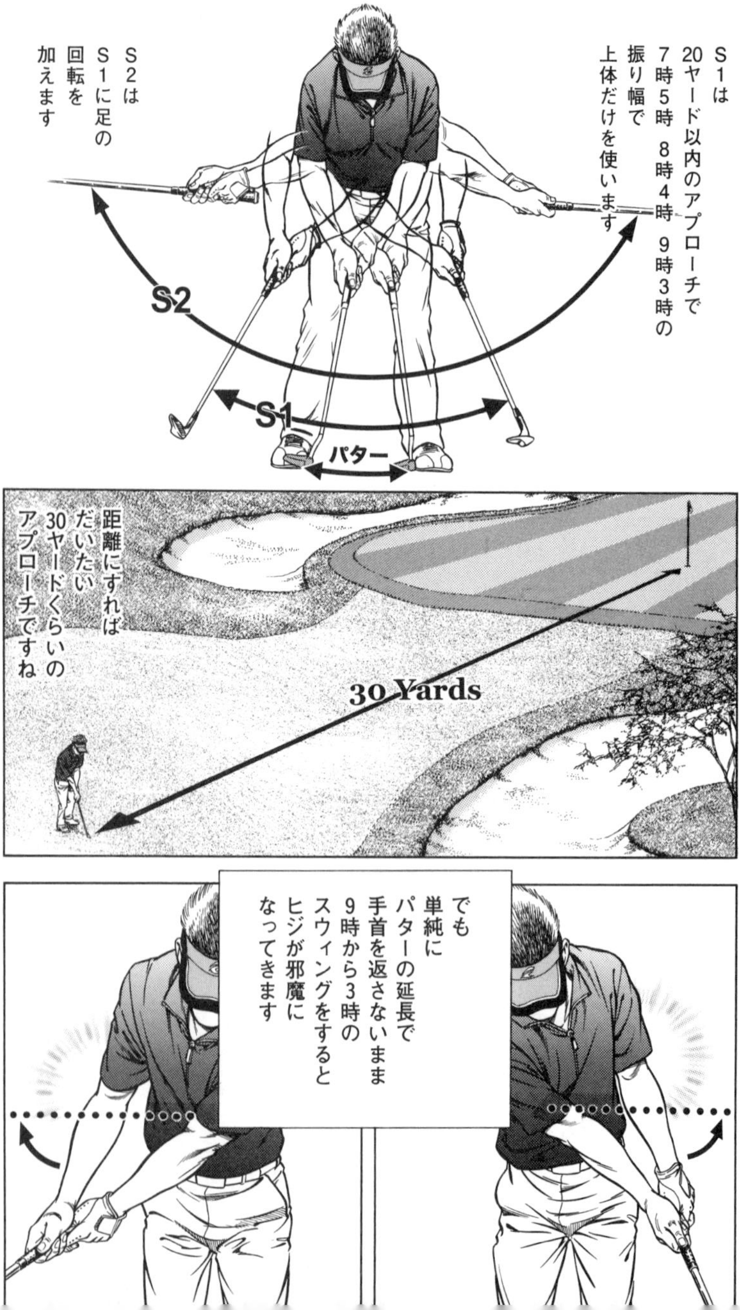
S1は
20ヤード以内のアプローチで
7時5時　8時4時　9時3時の
振り幅で
上体だけを使います
S2は
S1に足の
回転を
加えます
S2
S1
パター
距離にすれば
だいたい
30ヤードくらいの
アプローチですね
30 Yards
でも
単純に
パターの延長で
手首を返さないまま
9時から3時の
スウィングをすると
ヒジが邪魔に
なってきます

そこで――
S1にはなかった
足の動きを
加える必要が
出てくる
つまり
下半身の
回転を
加えるんです
これが体全体の
ねじりにつながり
背中も動く
ようになる
こうやって
S2のスウィングを
すると――
どうです？
何か見えて
きませんか？
あっ!!
ヒュ
ヒュ～ッ

軸が見える!!
そうです！S2でスウィングすることによって初めてスウィング軸ができてくるんです！
S2は正しいインパクトを覚えると同時にスウィング軸も覚える重要なパートここでできたスウィング軸をしっかり体感することです！
S2では〝下半身リード〟とか〝体重移動〟とかよく聞く言葉は絶対に意識しないでください

これらは意識するのではなくあくまでスウィング軸を中心とした回転運動をした結果そうなるだけの話
〝下半身でクラブを下ろす〟とか〝左足にしっかり体重を乗せる〟というレッスンを信じると
軸は消えてしまいますからね
パターの延長で
下半身を右回り！左回り！

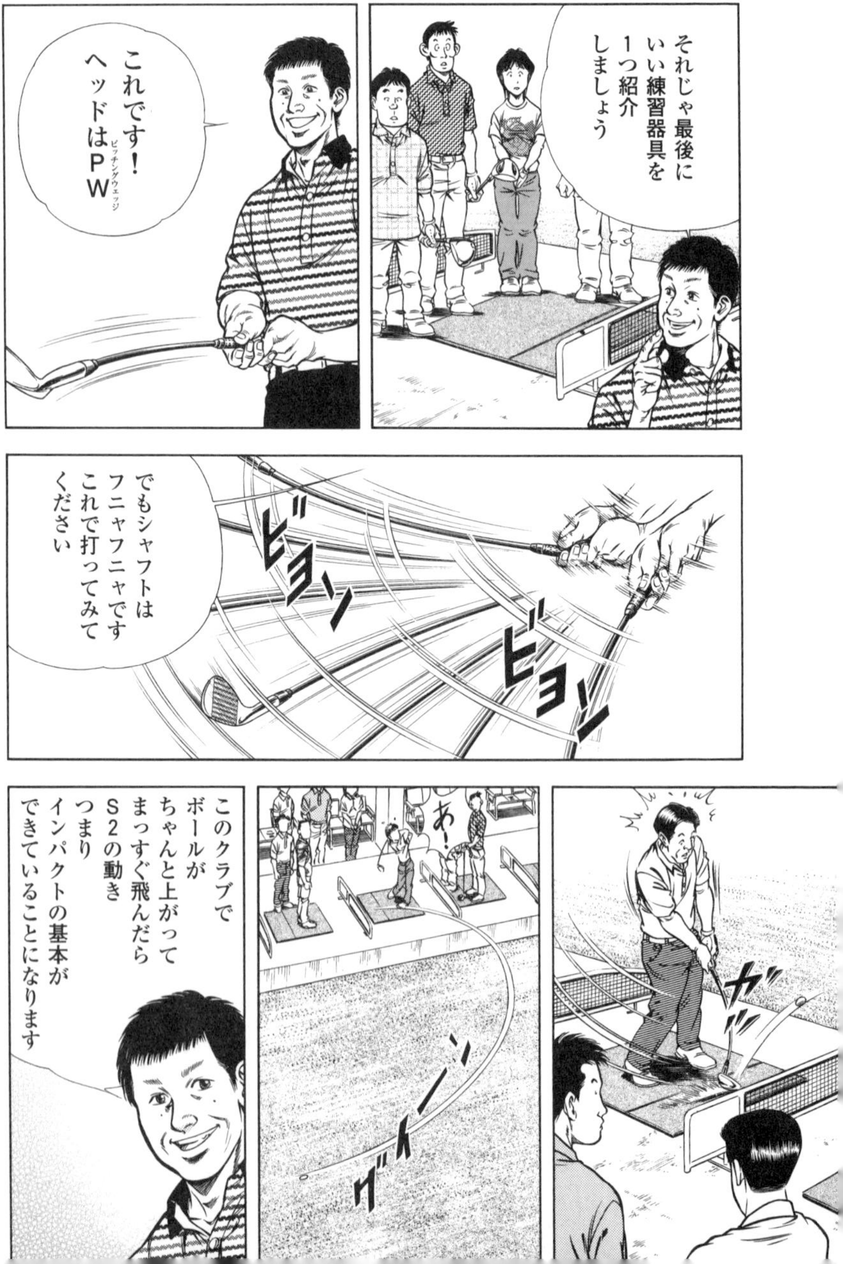

それじゃ最後にいい練習器具を1つ紹介しましょう
これです! ヘッドはPW《ピッチングウェッジ》
でもシャフトはフニャフニャです これで打ってみてください
ビヨン
ビヨン
ガッ
あ!
グイーン
このクラブでボールがちゃんと上がってまっすぐ飛んだらS2の動きつまりインパクトの基本ができていることになります

すごく難しいです…
このクラブはとてもよくできていて普通 自分1人で練習すると大抵の人は調子が悪くなりますがこれを使えばそれがない
私が帰った後もできれば これで練習を続けてください正しいインパクトだけでなくシャフトの使い方やタイミングまで教えてくれますから
僕それ買います!!
私もっ!!
いくらですかそれ!?
ちょっ ちょっと待ってください! 別に私がこれを売ってるワケじゃないので……

クォーターゴルフ理論 奥義 その10

「正しいインパクトには正しいアドレスを!」

「フニャフニャクラブでS2の動きを覚えよう!」

S1 レッスン1

振り幅を変えて
正確にキャリーを打ち分ける!

(7時～5時)

キャリー▶5ヤード

(8時～4時)

キャリー▶10ヤード

(9時～3時)

キャリー▶15ヤード

ポイントは
腕を使わず
背骨を中心に
ボディターン
することだよ!

S1の練習器具はこれ!
ダフり、トップ、シャンクやイップスの
人におすすめ

重くてやわらかいシャフトなので、ダウンのしなり戻りを待って打たなければ結果が出ない。
10倍早く身に付く。

落下地点を見て素振りし、目で振り幅を感じ取る

S1 レッスン2

世の中のおっちゃんの**勘違い**

下を見て素振りし、打つときに目標を見てしまう

旗(＝目標)じゃなく、
落下地点を見て
素振りすることです！

S2 レッスン1

クォーター理論の中核

S2練習にはこの練習器具!

[クォーターマスター&S1マスター]

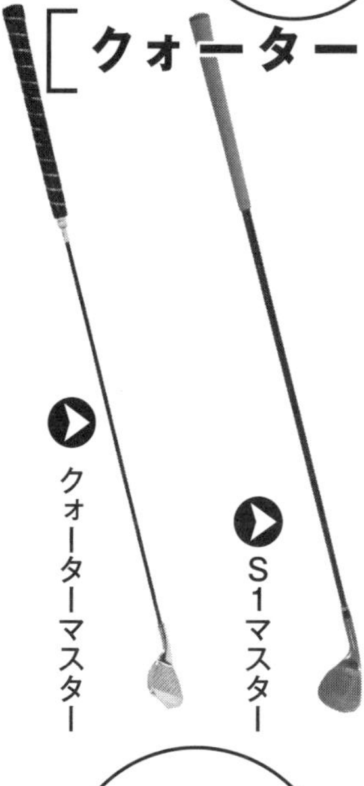

(やわらかシャフトだから しなり戻りを待って インパクトできる!)

このハンドバックインパクトがゴルフの答え!

世の中のおっちゃんの勘違い

コック使い、ひざ送って、ハンドファーストで、直接ボール打つ。これじゃダフり、トップ、シャンクになる!

CHAPTER

3

S3 フルスウィングをマスターしよう

QUARTER METHOD S3

第11話

手打ち足の裏

DOUBLE EAGL
み　皆さん
どうしたんですか⁉
整列！
今日はついに
S3のレッスンだと思ったら
感無量で……
それで集合時間が
待ちきれず
みんなで桑田プロを
お待ちしてたんです

だって それも当然ですよ！パターから始まって やっとフルスウィングを教えてもらうところまでたどり着いたわけですから！
はい これをどうぞ！
パ パター？
ワシなんぞゴルフ歴30年のプライドを投げ捨ててショートパットからやらされたんじゃぞ！
いやぁ～ 長かった… それを思うと……
よほど辛かったんですね…
そうですね ザックリとですが今日でとりあえず基礎編は終了ですね
前回のS2のポイントは覚えていますね？なんといってもS2を踏まえてのS3ですからね！
は――い！

物を叩く
4分の1の動きを
覚えるための
S2は
クォーター理論
の中核です
そうか！
S2でやった
腕を一切使わず
背中で
テークバック
——
足で球を打つ
というあの動きを
フルスウィングに
取り入れれば
いいってことか！
よっしゃ!!
あいかわらず
素早いなぁ…

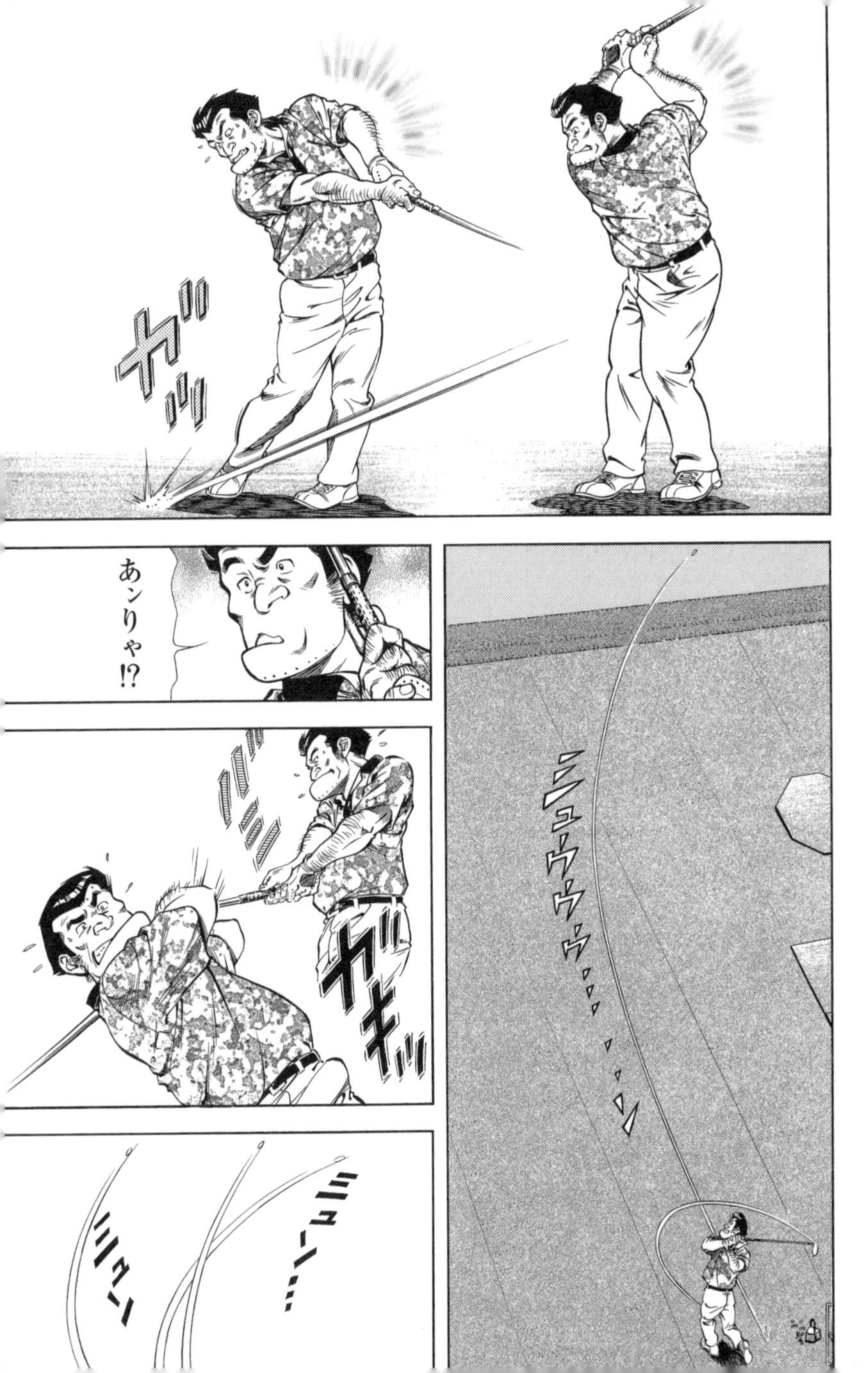
ガッ
シュウウウゥゥゥ……ン
あンりゃ!?
カキッ
ミュ〜ン…
ミュン

むぅぅ…もしかして――
ちょっと違った？ワシ…
・・・ちょっとじゃなくて
全然違います！
アハハハハハハ!!
ガハハハハ!!
いつもの・・・ダメ出しきたぞ！
ピース!!
ピース!!
S3はS1・S2とは正反対の動きです
S1
S2
S3
S2までは手を使わないボディターンの動きでしたが
S3では逆に手しか使いません！

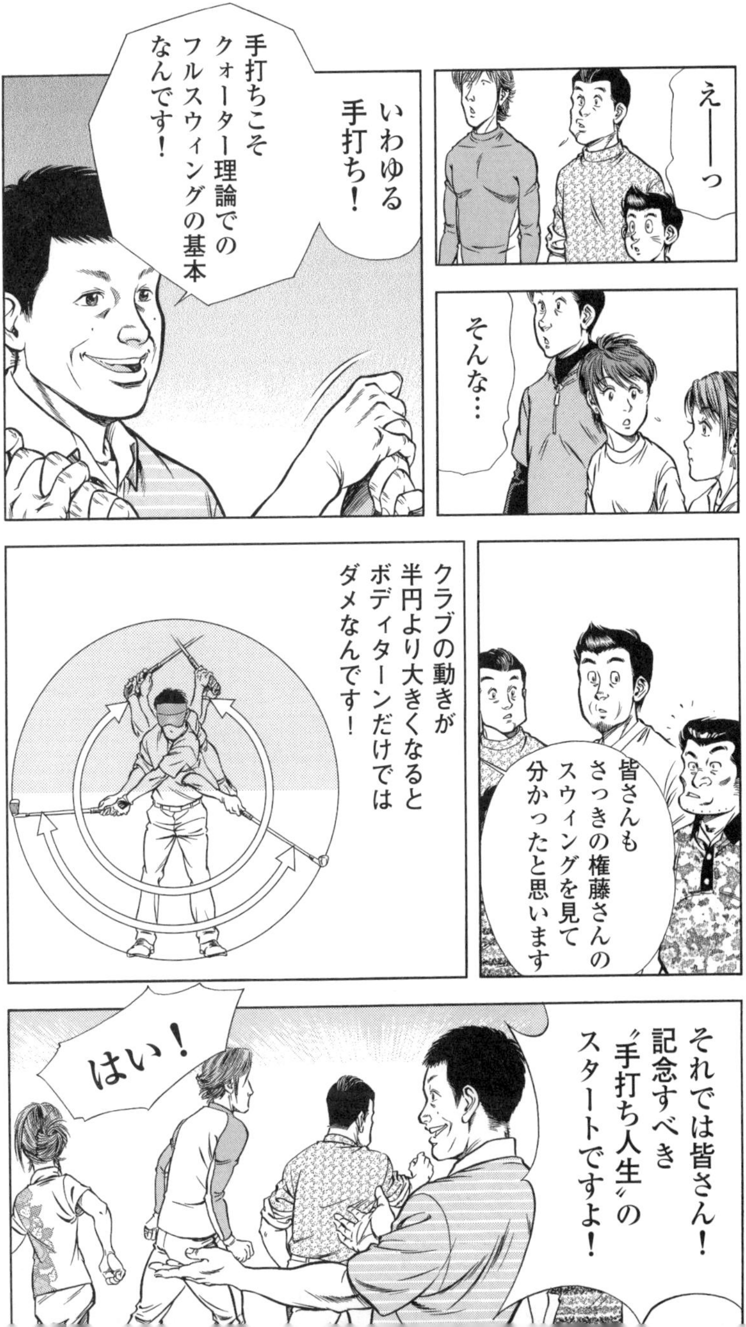
えーーっ
いわゆる手打ち！
手打ちこそクォーター理論でのフルスウィングの基本なんです！
そんな…
皆さんもさっきの権藤さんのスウィングを見て分かったと思います
クラブの動きが半円より大きくなるとボディターンだけではダメなんです！
それでは皆さん！記念すべき〝手打ち人生〟のスタートですよ！
はい！

では皆さん直立してシャフトが地面と平行になるようにクラブを胸の前で構えてください！
ムギュ
ここれでいいのかしら？
そしてスタンスは広めにとる
じゃあよく見ててくださいね

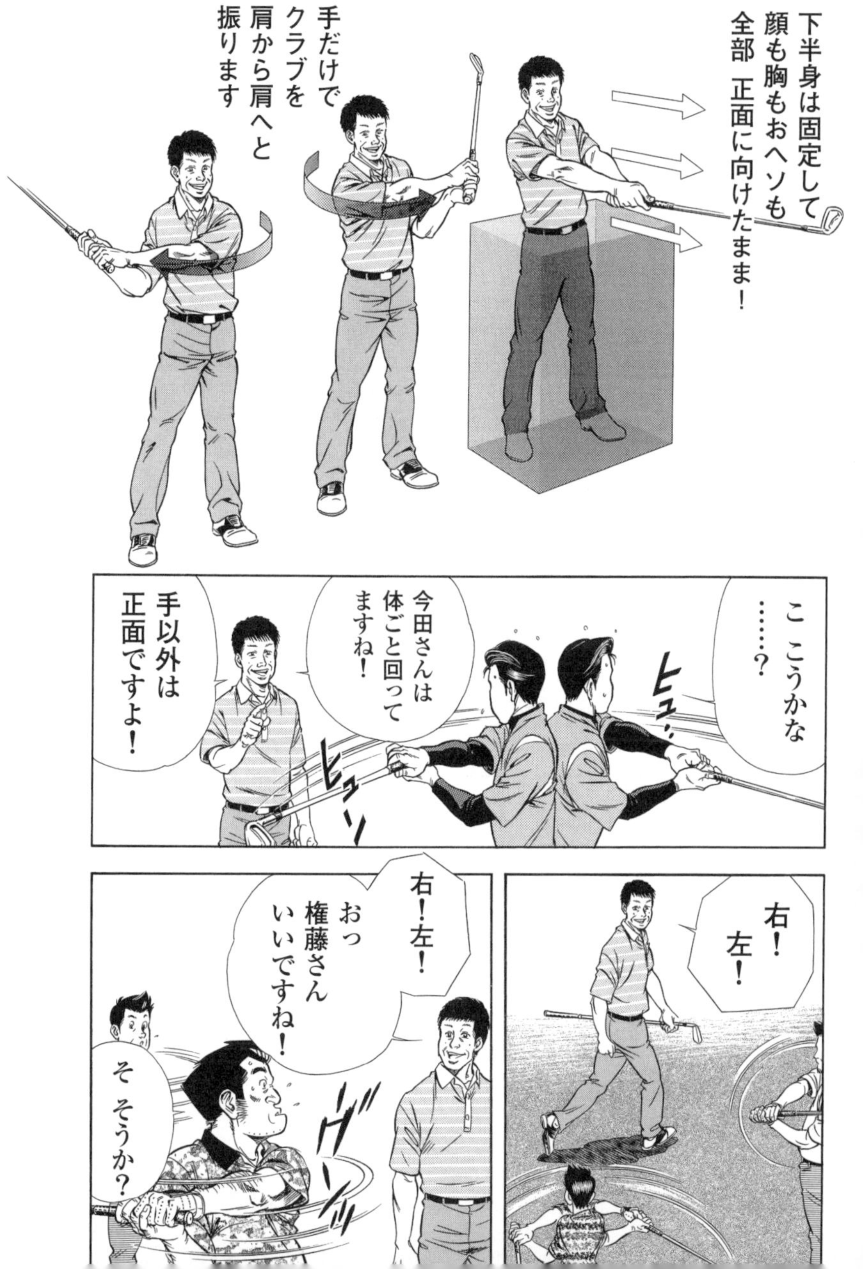
下半身は固定して顔も胸もおヘソも全部　正面に向けたまま！
手だけでクラブを肩から肩へと振ります
こ　こうかな……？
ヒュ
今田さんは体ごと回ってますね！
ヒュン
手以外は正面ですよ！
右！左！
右！左！
おっ権藤さんいいですね！
そ　そうか？

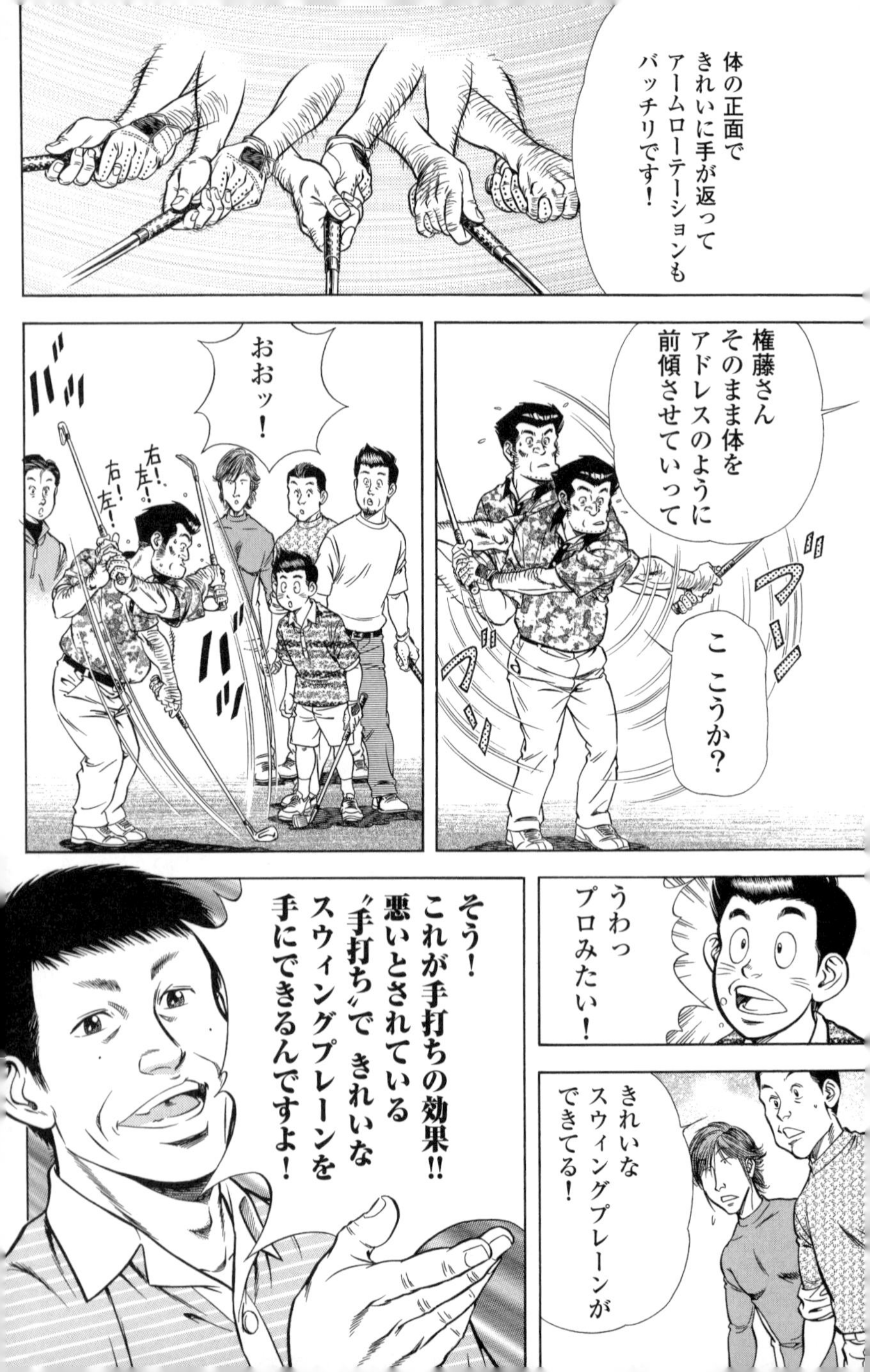

体の正面で
きれいに手が返って
アームローテーションも
バッチリです!
権藤さん
そのまま体を
アドレスのように
前傾させていって
ここうか?
おおッ!
右!左!
右!左!
うわっ
プロみたい!
きれいな
スウィングプレーンが
できてる!
そう!
これが手打ちの効果!!
悪いとされている
〝手打ち〟で きれいな
スウィングプレーンを
手にできるんですよ!

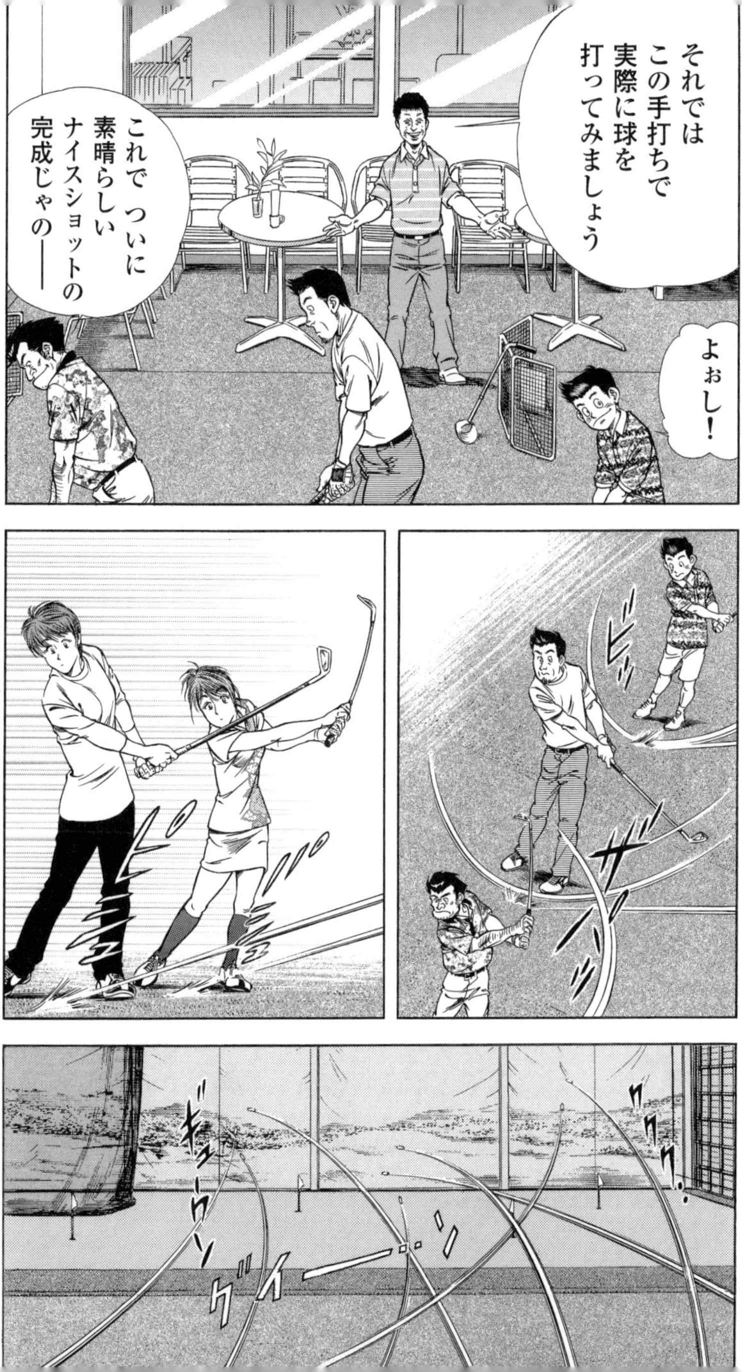
それでは この手打ちで 実際に球を 打ってみましょう
よぉし！
これで ついに 素晴らしい ナイスショットの 完成じゃの——

ありゃりゃ!?
力強くて結構飛びそうな球だけどまっすぐ飛ばない……
全員ナイスショット!完璧です!!
手打ちすることでクラブのトルクが使えているからボールにパワーが伝わっているでしょ?
トルクってあのシャフトのトルクですか?〝シャフトの捻《ねじ》れ〟って意味ですよね?
Diamana
そうですゴルフではこのトルクを使うことが飛ばすためにとても大切なんです
………
なるほど…
ちょっと待った桑田プロ!トルクはさておきボールはフックばかりだS3じゃ球はまっすぐ打てんのか?

権藤さん――
私は最初に
「S2あってのS3」といいましたね？
S3は・・・トルクを利用するフックの動き
それに対してS2は・・・しなりを利用するスライスの動き
フックとスライスを足せば――？
！　そうか！
ストレートだ!!
ズゴッ
あら…

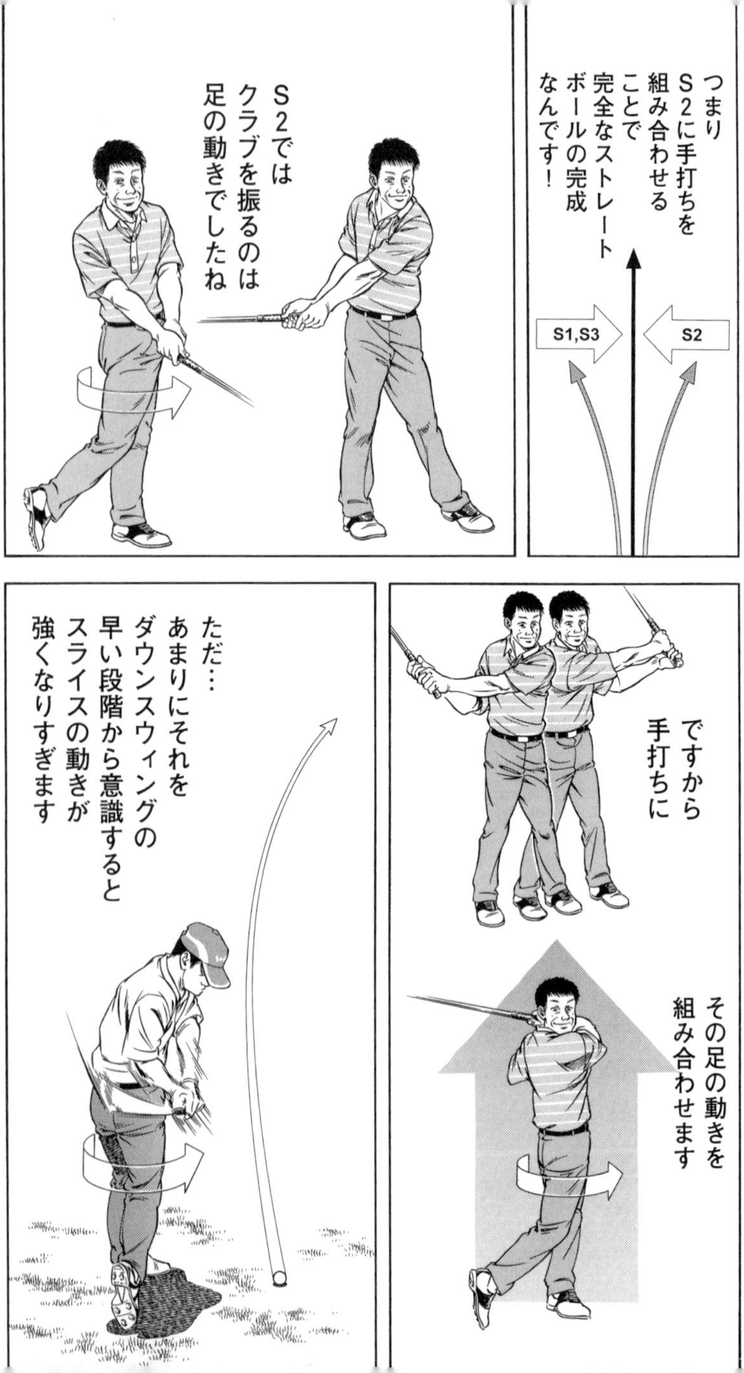
つまりS2に手打ちを組み合わせることで完全なストレートボールの完成なんです！
S1,S3
S2
S2ではクラブを振るのは足の動きでしたね
ですから手打ちに
その足の動きを組み合わせます
ただ…あまりにそれをダウンスウィングの早い段階から意識するとスライスの動きが強くなりすぎます

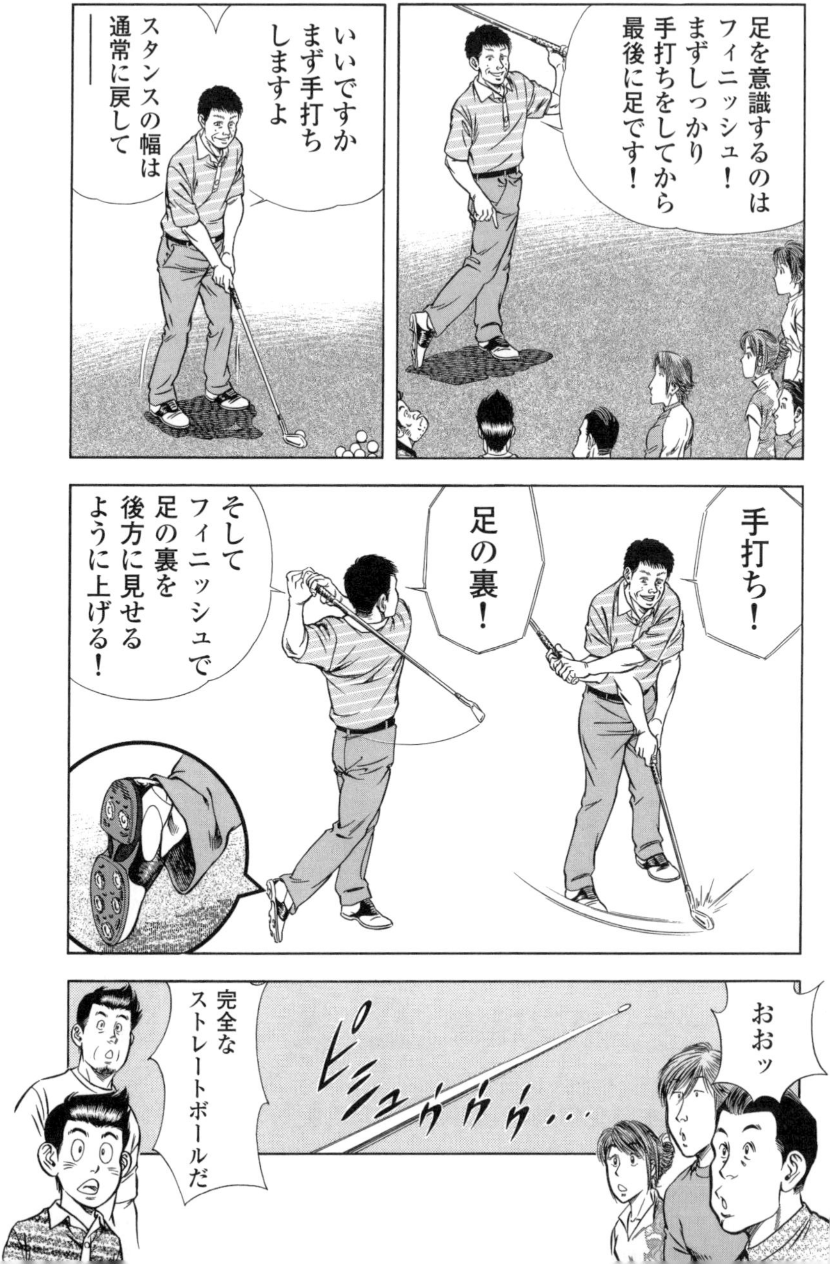
足を意識するのはフィニッシュ！まずしっかり手打ちをしてから最後に足です！
いいですかまず手打ちしますよ
スタンスの幅は通常に戻して――
手打ち！
足の裏！
そしてフィニッシュで足の裏を後方に見せるように上げる！
おおッ
ピシュゥゥゥ…
完全なストレートボールだ

クォーターゴルフ理論 奥義 その11

「フルスウィングの基本は体をまったく使わない手打ちだ!」

「手打ちでフックが打てるようになったら足の動きを加える」

第12話
年をとったら
クオーター理論

フゥ〰〰
日に4つも
法事が
重なると
大変やわ
チラ
どうぞ!
お掛けになって
ください
いやいや
大丈夫ですわ!
私は
2つ先で
降ります
ので
おっと!
キャッ
ヨロ

こ これは
エライすんません!
ワテ
そんなに
年寄りに
見られてるの
かいな…?
ギリ..
ギリ...

ナイス
ショオ〜〜ッ!!
ギュ
これは
いったぞ!
いやぁ〜
芯喰っちゃいました
珍球さんも
続きましょ!
いわれんでも
まだまだ若いモンに
負けるつもりはおまへん!
ピキィィィィッ
シュオオオオオッ
おお〜!
これも
良い当たり
だぞ〜!

なんと――!
ここまで置いていかれるとは……
はあ……
こんにちは今日もお世話になります
DOUBLE EAGLE
GOLF FIELD EAGLE
やあ珍球さん今日も法事から直接?
まあそんなトコですわ
コンニチワ――
桑田プロは?
まだ出先から戻ってないんです
そうでっか…レッスン前に聞いてほしいことがあったんやけど…
何か元気ありませんけどどうかしました?

ここんところ
年を感じることが
多くなりましてな
先日
電車で…
「老いることこそが
修行であり
そこに人生の値打ちが
生まれる」と
檀家さんには説法
しとるんですが
……
そんなに
気にすること
ないですよ
着物を着てると
どうしても老けて
見られがちですし
ことゴルフで
老いを感じると
ホンマに辛いですわ！
この間も若い子に
20ヤードも置いて
いかれまして…
ほんとは
法衣(ほうえ)って
いうんだぞ
覚えとけ
フーン…
それなら
珍球さんが
入門する前に
桑田プロに習った
飛ばしの極意を
教えますよ！
はぁ…

飛ばしたい時は足を回すんです！
これでヘッドスピードがグンと上がりますよ！
詳しく知りたい人は※MOOK VOL・2を見てね！
ずスコアUPする法則が満載!!
桑田泉
真実のゴルフレッスン
DOUBLE EAGLE
ただいま
えっ!?
大丈夫ですか!? 珍球さん！
なんか元気ないんですって!?
それなんですプロ……

そうですか…
ワテも もう60半ば ゴルフ人生のほうは これから どないしたら ええんでっしゃろ？
簡単ですよ！ クォーター理論に さらに 磨きをかければ いいだけです！
EAGLE18の 生徒さんには 70歳を超えてから ゴルフを始めて あっという間に シングルになった 人だって いるんです！
それは 凄い！
まだまだ老け込むのは 早すぎますよ！ 珍球さん
うむ！ 「病は気から」 ならぬ 「老いは気から」 でんな！
よし！ いつものように 喝を入れて おくんなはれ！
え、ええ!?
喝ですか!?
急に いわれても…
コレ どうぞ
警策がないので SW《サンドウエッジ》のグリップで いきますよ いいですか？
EAGLE18《ここ》 なら そのほうが ふさわしい ですわ
喝ッ!!

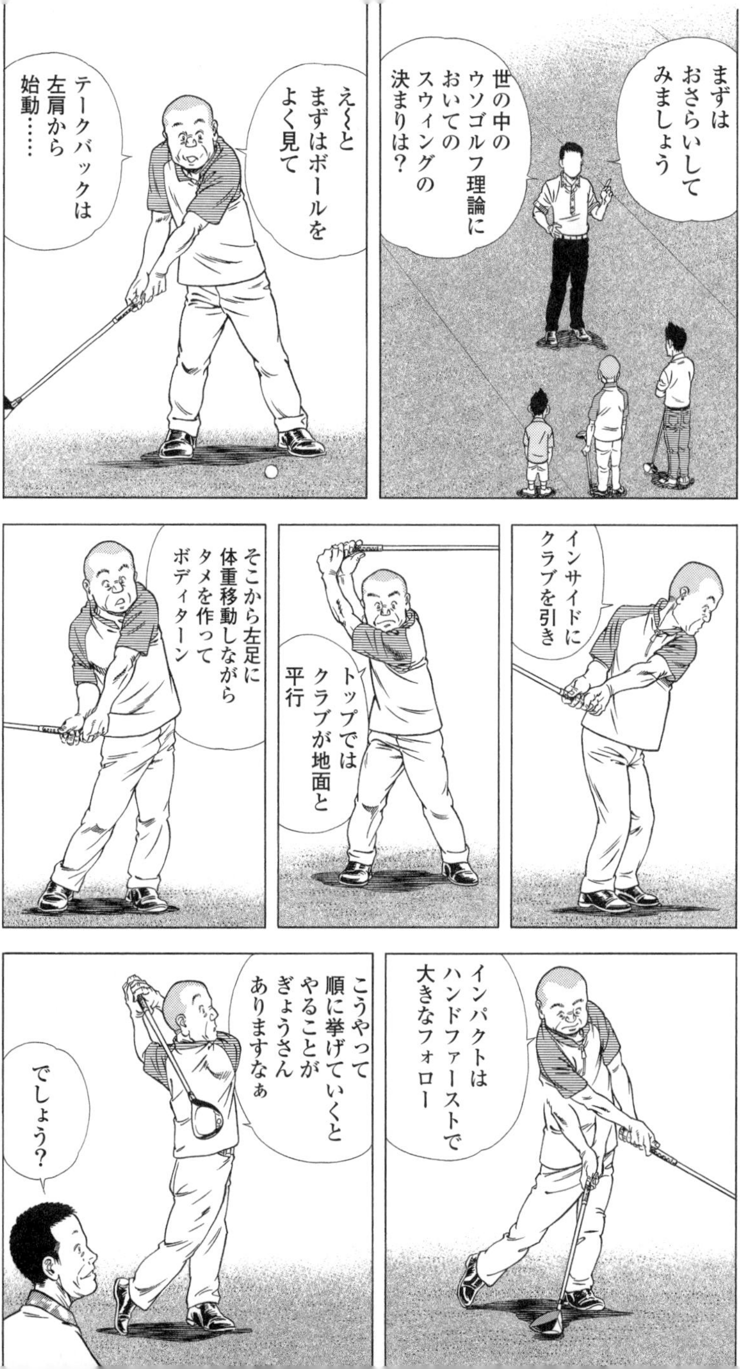
まずはおさらいしてみましょう
世の中のウソゴルフ理論においてのスウィングの決まりは？
え〜とまずはボールをよく見て
テークバックは左肩から始動……
インサイドにクラブを引き
トップではクラブが地面と平行
そこから左足に体重移動しながらタメを作ってボディターン
インパクトはハンドファーストで大きなフォロー
こうやって順に挙げていくとやることがぎょうさんありますなぁ
でしょう？

私の提唱するクォーター理論では
今 挙げたこと全て
〝やらなきゃいけないこと〟ではなく
〝やってはいけないこと〟であると
今まで何度もいってきました
つまり
〝やることが少ない〟ということです！
だから
体力も必要ない！
即《すなわ》ち
年齢に関係ない
ってことなんです！
だって何もしなくて
いいんですから！
はあ…
まあ たしかに
そういうことに
なるんですかな
……？
お言葉を返す
ようですが
やることが
少ないってことは
そのぶん もっと
その人本来の
筋力や体力が
重要になるのでは
ないですか？

もう少し詳しく説明しましょうか
まず〝体重移動しない〟とはどういうことか
それはスウィングの最初から最後まで絶対に下半身を動かさないということ！
ふむふむ
下半身を動かさないとたしかに体重移動なんてできませんね
だから〝下半身がやることはない〟ってことなんだ！
そうだよ
次に〝ボディターンしない〟これはアドレスで正面を向いている胸や腰は最後まで正面を向いたままってこと
体がターンしないんやから仁王立ちの直立不動でええわけでんな
はい
胸も腰もやることがないんです
そして〝ボール も見ない〟
飛んで行くボールも見ないから顔も動かさない
ピキーンッ

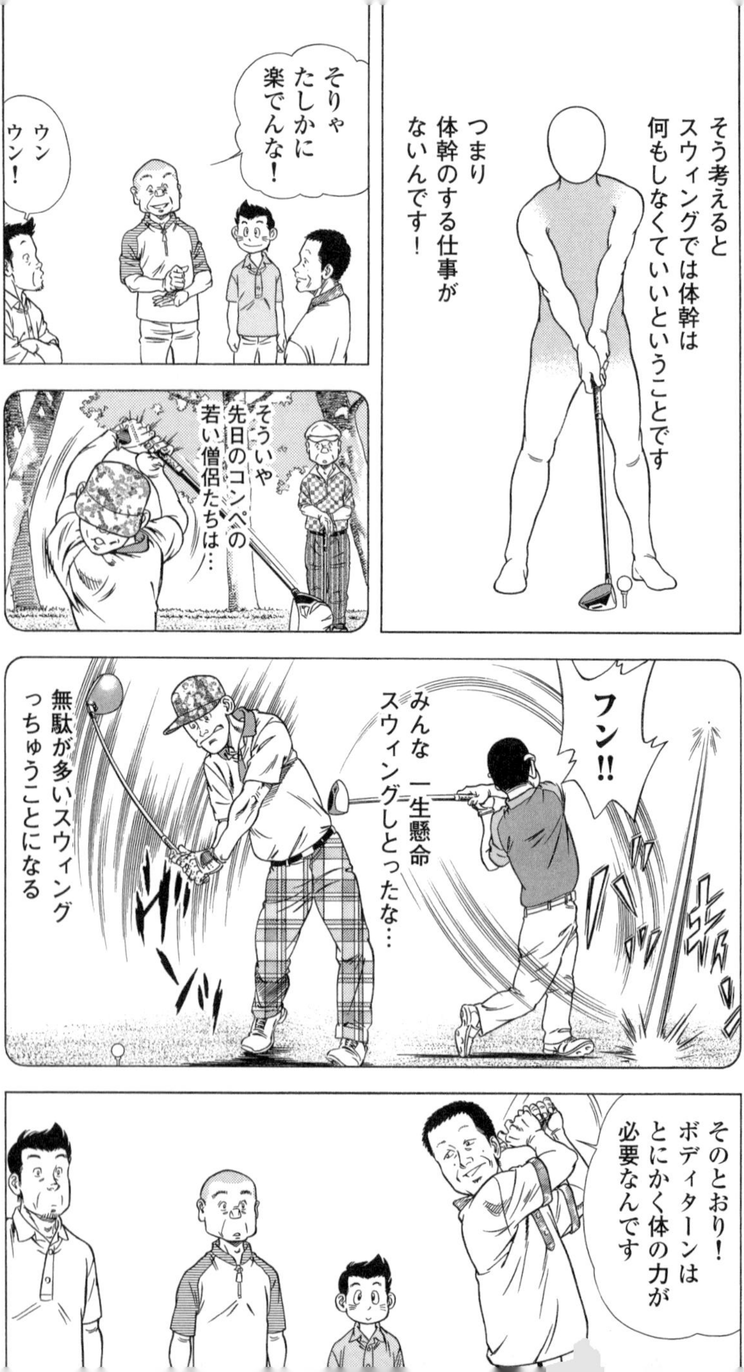
そう考えると
スウィングでは体幹は
何もしなくていいということです
つまり
体幹のする仕事が
ないんです！
そりゃ
たしかに
楽でんな！
ウン
ウン！
そういや
先日のコンペの
若い僧侶たちは…
フン!!
みんな 一生懸命
スウィングしとったな…
無駄が多いスウィング
っちゅうことになる
そのとおり！
ボディターンは
とにかく体の力が
必要なんです

若い時やジュニアは
体力・柔軟性で
カバーできますが
ムキッ
乗り越えられない壁
年をとったら
まず無理です
それに比べて
クォーター理論の
手打ちは
どうですか?
これなら
体が硬くなっても
体力が
なくなってきても
無理なく
できますね
ヒュン
ピュ
ヒュッ
ただ
手だけを使って
肩から肩まで
振るだけ
ですからね
そして最後に
右の足の裏を見せたら
はい!
きれいなフィニッシュの出来上がり!

手打ちしてる
はずやのに
傍目からは普通の
スウィングにしか
見えへんもんなぁ
不思議～～～
そして
ここからが
重要ですよ！
無駄の多い
スウィングの若者に
勝てる要素が
ここにあります
そっ
それは
何でっか!?
手打ちの最大の利点は
きれいな
スウィングプレーンが
安定して作れるってこと！
胸や腰 下半身も
まったく動かないと
ホラ！
きれいな軸が
見えて
きませんか？

おおっ
スゴイ！
背骨はまっすぐなままでちゃんと軸ができとる！
常にきれいなスウィングプレーンができるということはミート率が高いということ
だから1発の飛距離で勝てなくても
18ホールの平均飛距離で勝てばいいんです！
手打ち！
まあまあやね センターやし
コロコロ…

クォーターゴルフ理論 奥義 その12

「スウィングで体幹のやる仕事は1つもない!」
「体力の必要ない手打ちそして平均飛距離で勝て!」

第13話 トルクとしなり

モグ
モグ
なんだ高橋 今日の昼メシはサンドウィッチか？
あっ はい…
何読んでたんだ？
いいや 別に…
怪しいなあ……
オレにも見せろ！
なんでもないっスよォ！
アタフタ

いただき!
あ〜〜〜っ!
なんだこれェ!?
高橋!お前…!
コンビニで目に付いたから買っただけっスよォ!
ポイッ
DOUBLE EAGLE
どう思います!? 桑田プロ!

こいつ他のレッスンに浮気しようとしてたんですよ！
別に構いませんよそれくらい…
私だって最初は壁にブチ当たるたびに何十冊とレッスン書を読みあさってましたよ！
え？
あら…そうなんですか？
ガク
それで高橋さん悩みは解消しましたか？
いやあ…
それが……
S2はボディターン！
背中だけでテークバック！シャフトのしなりを使って――
そのまま足だけで打つ！

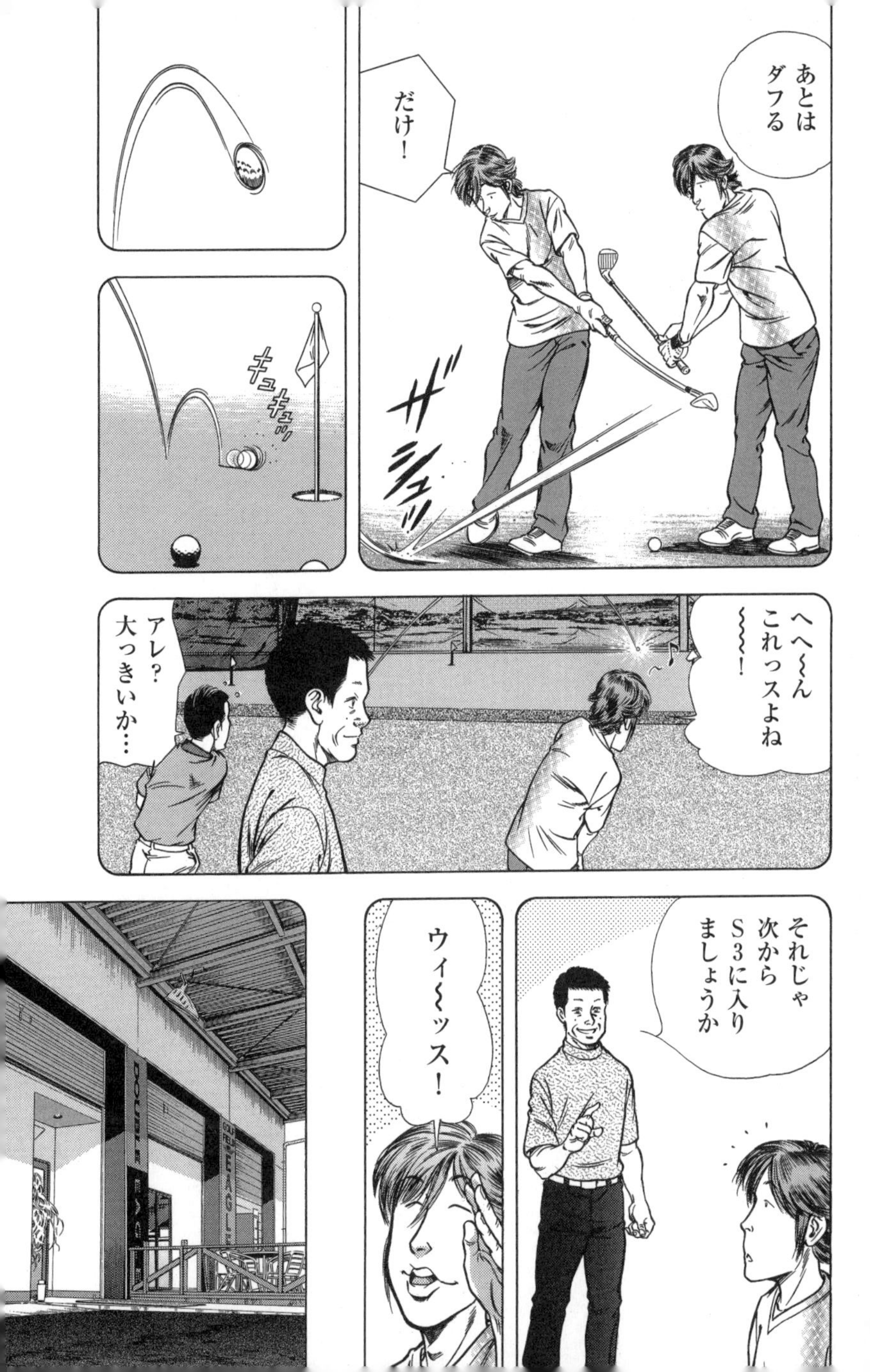
あとはダフる
だけ!
ザシュッ
キュキュッ
へへ〜んこれっスよね〜〜〜!
アレ?大っきいか…
それじゃ次からS3に入りましょうか
ウィ〜ッス!

S3はS2とは真逆の動き！
体は一切使わずに腕だけで
〝手打ち〟ですよ！
あれ？自分だけスライス？

フックが簡単に打てるわ！
え〜と…手打ちするんだよな…
あれェ〜〜〜〜〜!?
高橋さんはまだS2の動きが強すぎますね
S2じゃ誰よりも自信あるのに——

S3では いきなり落第生……
もちろん それなりに 練習したので
連続して打てば 大丈夫なんス けど…
S2とS3を 交互にやると もうヤバイっス！
げっ!!
あっ!!
そういや お前 そうなるよな コースじゃ S2とS3の 使い分けだし…
もうアタマが 混乱しちゃって……

ふむ…
でも高橋さん
パラパラ
その悩みはそこらのレッスン書では解決しませんよ！
続きはフィールドで！
スッ
チャ・ラ・い・ようで実は高橋さんの生真面目な性格なら1球で すぐに治すよりまず頭で理解してもらったほうがいいでしょう
チャチャラい…!?
あはは！見抜かれてるなー
さて！
今回は野球のバットを用意しました
ではこのバットとゴルフクラブとの一番の違いはなんでしょう？

それは…
バットはまっすぐだけど
クラブは先っちょが
曲がってるって
ことっスか？
そうですね！
形状が違うということは
その使い方にも
違いがある――
ということです
円軌道で
振るし…
バッティングも
スウィングも
同じように
見えます
けど…
両方を知っている
者としては
とても同一とは
いえませんね！

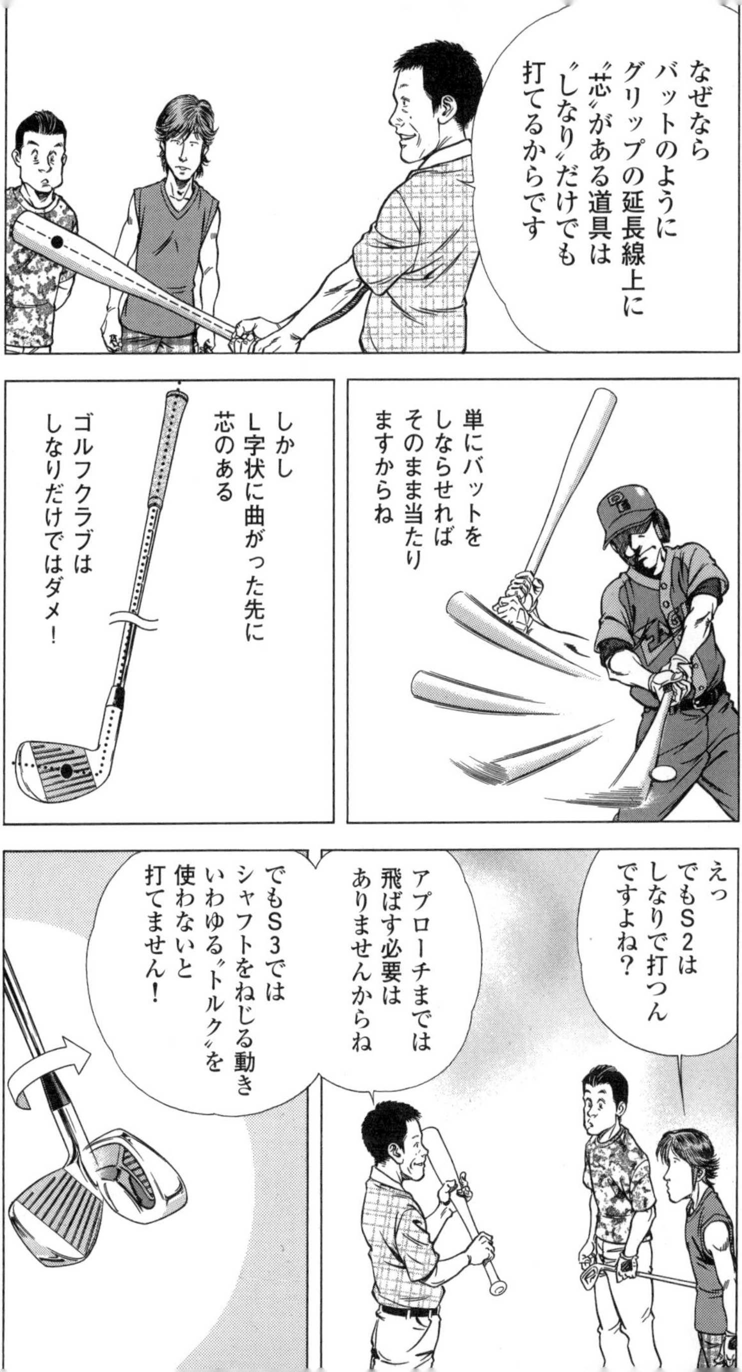
なぜならバットのようにグリップの延長線上に〝芯〟がある道具は〝しなり〟だけでも打てるからです
単にバットをしならせればそのまま当たりますからね
しかしL字状に曲がった先に芯のあるゴルフクラブはしなりだけではダメ！
えっ でもS2はしなりで打つんですよね？
アプローチまでは飛ばす必要はありませんからね
でもS3ではシャフトをねじる動きいわゆる〝トルク〟を使わないと打てません！

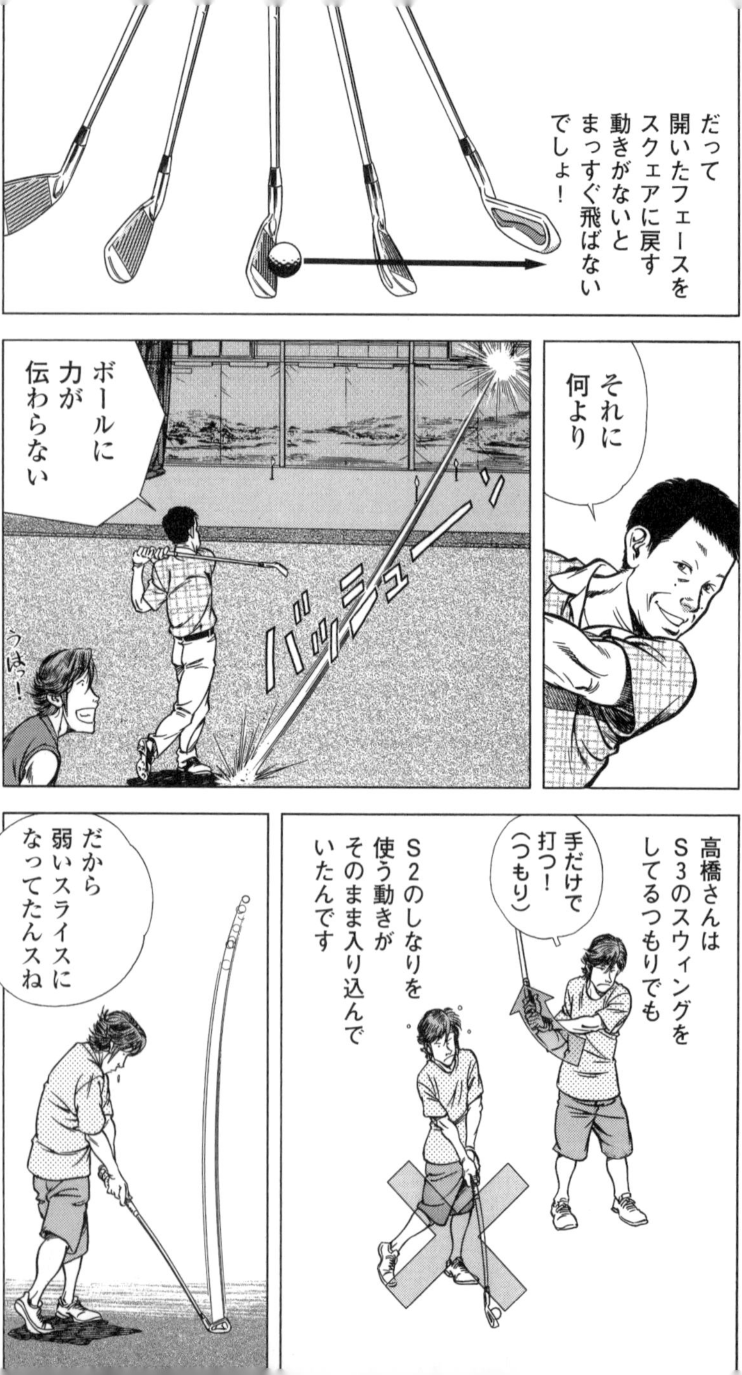
だって開いたフェースをスクェアに戻す動きがないとまっすぐ飛ばないでしょ！
それに何より
ボールに力が伝わらない
バッシューーン
うはっ！
高橋さんはS3のスウィングをしてるつもりでも
手だけで打つ！（つもり）
S2のしなりを使う動きがそのまま入り込んでいたんです
だから弱いスライスになってたんスね

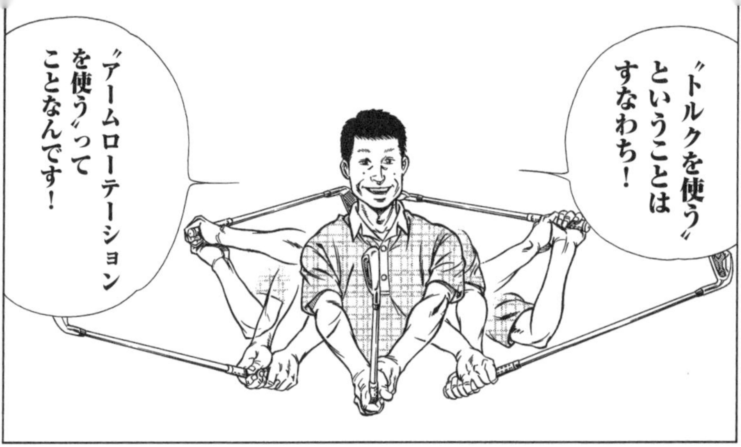
〝トルクを使う〟ということはすなわち！
〝アームローテーションを使う〟ってことなんです！

アームローテーションを使わずして……
トルクをしっかり使い——
低いフックを打つことはできない!!

「低いフックにしか未来はない！」ってヤツですね？
そのとおりです！巷のレッスン書の多くにはアームローテーションは悪い動きとして解説されてますがあんなのウソウソ！
アームローテーションを使って手打ちしなきゃ一生 スライサーのままですよ！
アームローテーションしてトルクを使うということを頭で理解していれば手打ちも もっと楽にできるはずです
なるほど！何かスムーズだな
こうやってフェース面を返すように振ればいいのか！

ところで桑田プロ――
高橋に「まず頭で理解させる」って
いってましたけど
それは お得意の〝一球開眼〟法も
あるってことですよね？
もちろんです！
高橋さん
スタンス幅を
1足分 広くして
それで打ってみて
ください
わあ！
まっすぐ
飛んだ！
お〜〜っ
スタンス幅を
広げれば
下半身が
使えなくなるので
もっと手打ちが
しやすくなる
高橋さんは
もともと
アプローチと
フルショットの
スタンス幅に
あまり差が
ありませんでした
から

クォーターゴルフ理論 奥義 その⑬

「トルクを使わないとまっすぐ遠くへ飛ばせない！」
「そのためにはアームローテーションが必要不可欠だ！」

S3 レッスン1

クラブを目の前で構え 手打ちする!

**下半身を
一切使わず、
顔も胸も腰も
正面を向けたまま
手だけで
振ること!**

（そのまま
前傾すれば
なにもしなくても
プロのような
トップになる!）

（そのまま
前傾すれば
なにもしなくても
プロのような
フォローになる!）

S3 レッスン2

実際にボールを打って低いフックを出す！

スタンスを広げて少ししゃがんで構える

体は正面を向いたまま手だけでクラブを上げる

クォーター（インパクト前の1/4）でゆっくり手打ち

（最後まで手だけで振れば、S3のアームローテーションの完成）

S1レッスン S2レッスン S3レッスン 総まとめ

手打ちしたら足の裏!

（見事ストレートボールの完成!）

手打ち＝S3のフックの要素

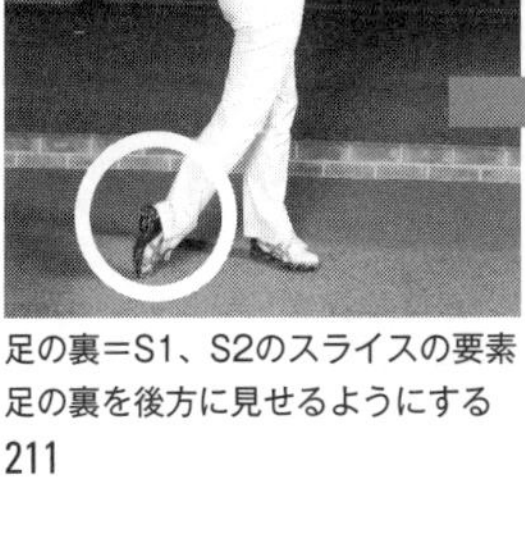

足の裏＝S1、S2のスライスの要素
足の裏を後方に見せるようにする

CHAPTER

4

スウィング全般の基礎知識を覚えよう

SWING THEORY

第14話 スウィングは1つ

DOUBLE EAGLE
ピッ
ベスポジだぁ！よぉ〜〜〜し！
——ん？何やっとるんじゃ？
先日健太のラウンドを撮ったんですよ桑田プロに観てもらおうと思いまして
ピンまでちょうど80ヤードです！
ピッチングを手にした小島健太選手2オンなるでしょうか!?（父実況）

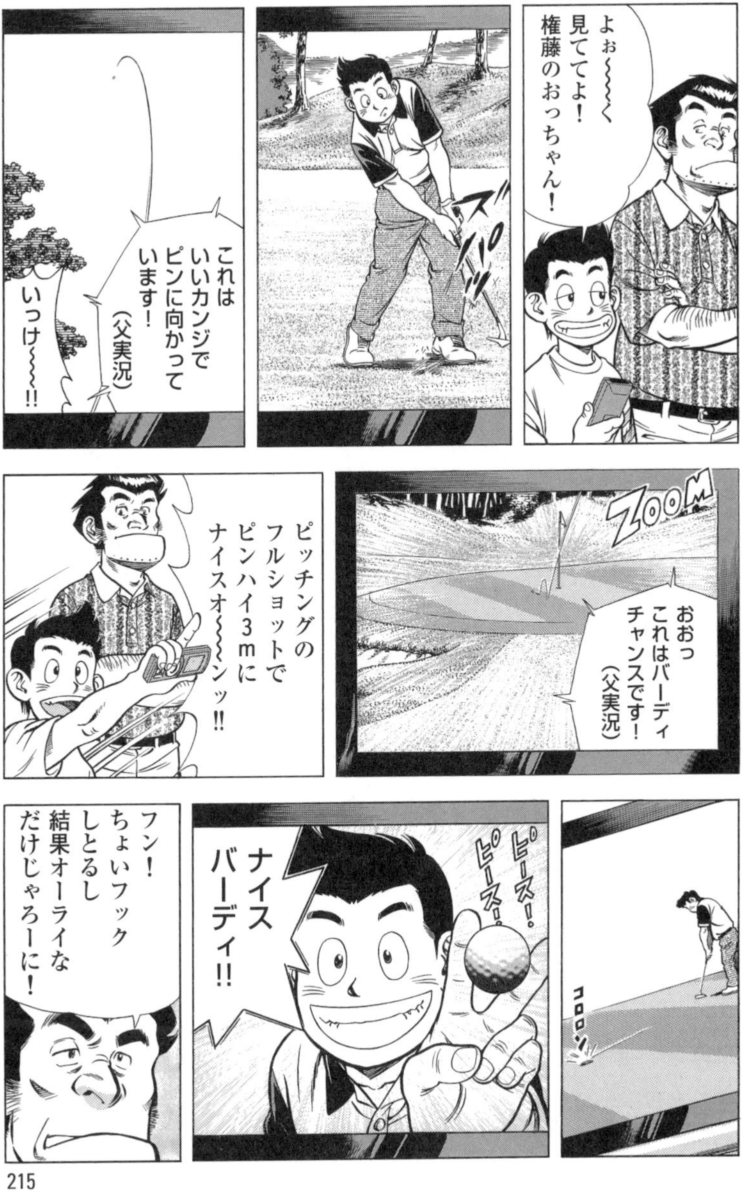

よぉ〜〜〜く
見ててよ！
権藤のおっちゃん！
ズバッ!!
これは
いいカンジで
ピンに向かって
います！
（父実況）
いっけ〜〜〜!!
ZOOM
おおっ
これはバーディ
チャンスです！
（父実況）
ピッチングの
フルショットで
ピンハイ3mに
ナイスオ〜〜〜ンッ!!
コロロ…
ピース！ピース！
ナイス
バーディ!!
フン！
ちょいフック
しとるし
結果オーライな
だけじゃろーに！

NO.7 PAR 4
312 Y
えーと…
これは早送りで
いいかな…
おっと!
いいじゃないか
ザッ
あっ!
小島健太選手の
スーパーショットを
見たいな〜〜!
………
ガキッ
バキ…
おっと
これは
いけません!
(父実況)
ガハハハハッ!
お客さ〜ん!
どスライスの
OBで〜す!!
あ〜〜〜
聞こえない
聞こえない!

フム…
うわっ！
なんだ桑田プロいたのかい！
桑田プロ！健太のスウィングが……ショートアイアンはそこそこ　まっすぐ飛ぶんですが長くなるほど右に…
はい！もう全部分かってますよ！
よし！健太クンフィールドに行くよ！ピッチングとドライバーを持ってきて！
あいかわらず話が早っ！
はーい
まずは——いつもどおりピッチングをフルショットするつもりで構えてみて
こうかな…

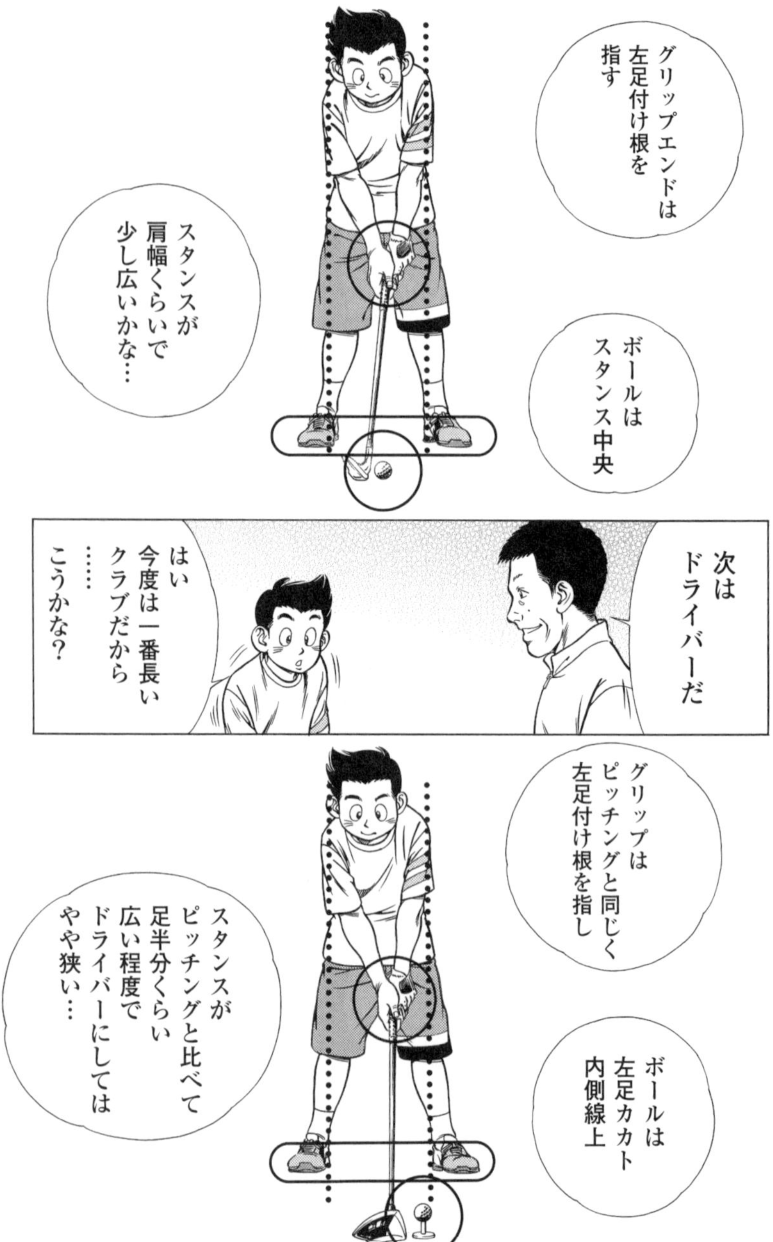
グリップエンドは左足付け根を指す
ボールはスタンス中央
スタンスが肩幅くらいで少し広いかな…
次はドライバーだ
はい今度は一番長いクラブだから……こうかな?
グリップはピッチングと同じく左足付け根を指し
ボールは左足カカト内側線上
スタンスがピッチングと比べて足半分くらい広い程度でドライバーにしてはやや狭い…

桑田プロに
習ったとおり
ですから
ボールの位置や
クラブの構え方は
悪くないはず
なんですが…
そうですね!
その2つだけは
パーフェクトです!
2つ
だけ!?
ゴルフは14本のクラブを
使うスポーツですから
それぞれ最適な位置に
ボールを置かなければ
絶対に
ナイスショットには
なりません!
正しいのは
ドライバーは
左足カカト内側線上!
ここからクラブが
短くなるにつれ
ボールも少しずつ
右に寄せていき
ウェッジのボール位置が
ちょうどスタンスの中央になる

でも
どのクラブでも
グリップエンドが
指すのは
左足付け根
こうすれば
短いクラブほど
ハンドファーストの構えが
自然にできる
健太クンの
アドレスには
ただ1つ
問題がある！
いいかい！
これから健太クンの
球筋を1球で
まっすぐにするよ！
出た！
1球宣言！
まずは
ピッチングだ！
ビデオに映ってた
80ヤードの
ショット――
健太クンは
ナイスショットだと
思ってるようだけど
少しフックしてたよね
ああいう球
本当は もっと多く
ないかい？
………

さすが桑田プロ！
あれは まだマシなほうで
いつもは
もっとひどい
引っ掛けに…
うわっ！
また
左だぁ〜〜〜
こりゃ
深刻な
引っ掛け病だなぁ
その原因が…
健太クンの
スタンスは
今まで広すぎ
たんだよ！
これです！
両足が肩幅の中に
ちょうど収まる
くらいが
正解！

それで打ってみて！
うん！いい回転のナイスショットだ！
ウェッジは短くてヘッドが重いだからスウィングの外周であるヘッドが一番早く戻ってきやすいんだ
フックしやすいってこと？
そう！なのにスタンス幅が広いと体は回転しにくくなるよね

つまりクォーター理論の〝手打ち〟〝足の裏〟の——
〝足の裏〟が使えない状態になるんだ
なるほど！だから手打ちの要素だけになってつかまりすぎてたんですね！

——って ことは……
そうかっ 分かったぞ!!
ドライバーはウェッジの逆 長くて しなるから 外周の戻りが遅い
なのに スタンスが狭いと 体の回転が 先行しすぎて 振り遅れるっちゅうことじゃな!
違います!
というか 半分正解 ですね
ガクッ
あら…
それだと〝スウィングは1つ〟という クォーター理論の 大基本が 抜けちゃってますから!
〝スウィングは 1つ〟?

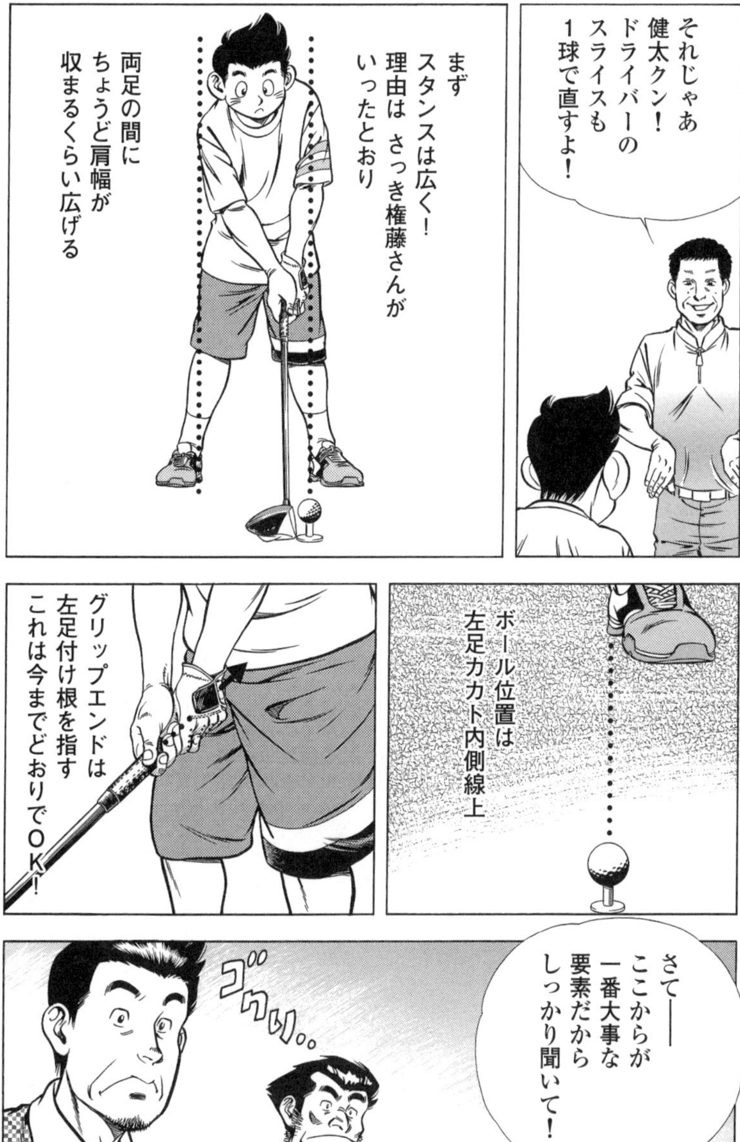
それじゃあ健太クン！ドライバーのスライスも1球で直すよ！
まずスタンスは広く！理由はさっき権藤さんがいったとおり
両足の間にちょうど肩幅が収まるくらい広げる
ボール位置は左足カカト内側線上
グリップエンドは左足付け根を指すこれは今までどおりでOK！
さて――ここからが一番大事な要素だからしっかり聞いて！
ゴクリ。。

実際のボールはここだけどそれは忘れるんだ！
えっ
いいかい自分の中心にボールがあるつもりで打つんだ！
なんと！そんな離れた位置にボールをイメージするんですか!?
それじゃスライスどころかちゃんと当たるかどうかも心配になりそうじゃが……
喝ーっ!!
〝悪いイメージを持てば良い結果が出る！〟このクォーター理論の真髄を お2人はどこに置いてきたんです!?
う うむ…
た たしかに…
大丈夫！頭の硬い大人のいうことは忘れて教えたとおりに打ってごらん！
は〜い！

バシッ
よし！今のはいいぞっ ボールの回転も ヘッドの軌道も バッチリだ！
うん！すっごく手応えがあった！
効果てきめん！
さすがじゃのぉ…

クォーターゴルフ理論 奥義 その14

「ウェッジでスタンス幅が広いと体が回りづらく引っ掛けやすい！」

「ボール位置は違っても常に自分の中心にあるつもりで打つ！」

第15話 正しいボール位置

今日のレッスン少し遅れちゃうね…
スリスリ
何見てんの？
—ん？いつものトコ
ケイ！急いでッ早くEAGLE18に行かなきゃ！
えっどうしたの？
肝心なところを聞き逃しちゃう！

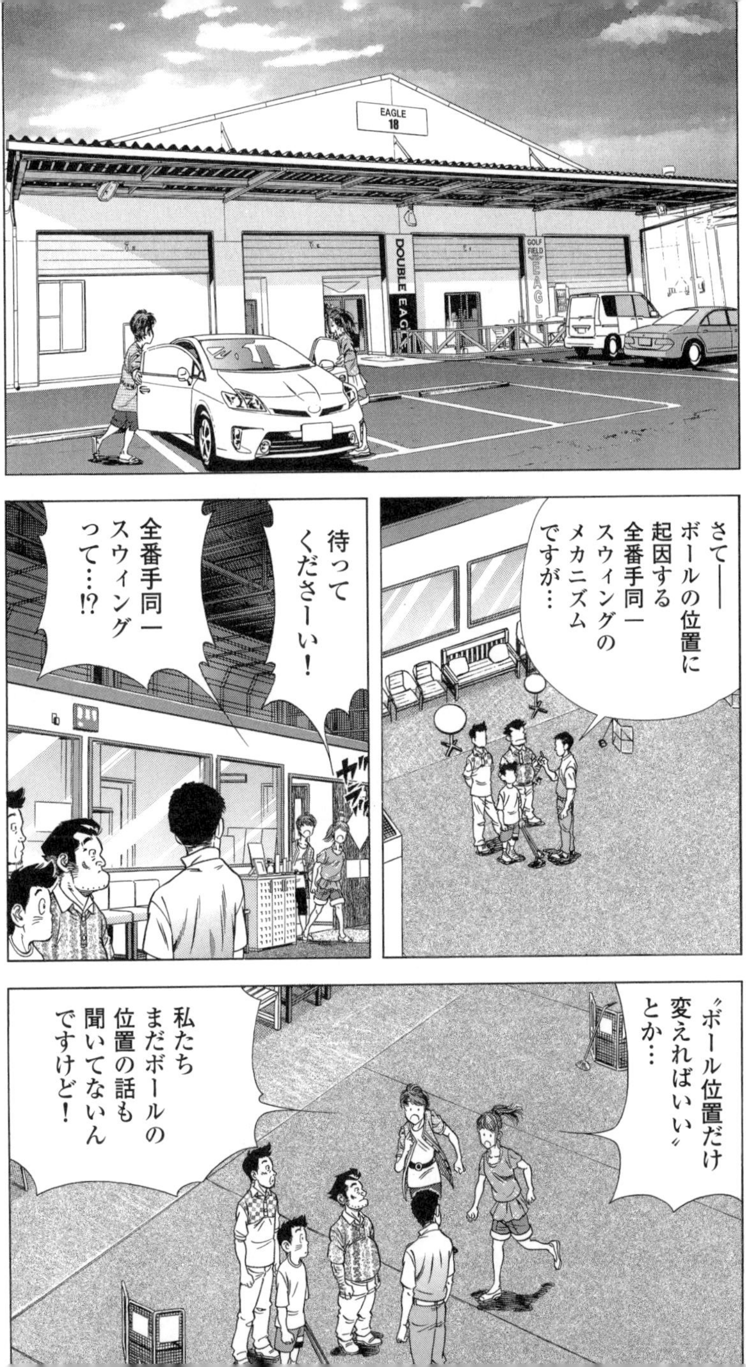
EAGLE
18
DOUBLE
GOLF FIELD
さて――ボールの位置に起因する全番手同一スウィングのメカニズムですが…
待ってくださーい！
全番手同一スウィングって…!?
〝ボール位置だけ変えればいい〟とか…
私たちまだボールの位置の話も聞いてないんですけど！

あれ？そうでしたっけ？
そうか！ミーちゃんとケイちゃんは・・・しんがりじゃったな
構え方のレッスンをやった時は まだEAGLE18《ここ》に入ってなかったんですね
そもそも この話は健太クンのビデオが発端で今日のレッスンでやる予定はなかったですから
でも… 今 その話の真っ最中だってどうして分かったんですか？
それは…
これですよ！これ！

18:38
79%
ホーム
kenta-papa72 桑田プロからまたまた衝撃発言! なんとっ、全番手同一スイング理論が明らかに!!
12/06/01 17:49
kenta-papa72
kenta-papa72
kenta-papa72
ツイッター!?
ケンタパパ!?
とうちゃんこんなのやってたの!?
つい桑田プロ情報をつぶやきたくなっちゃって…
健太クンのお父さんのツイッター私たちの貴重な情報源なんです!
アハハどうも
――というわけなので!
私たちにも分かるように続きをお願いします!
ズイ…
分かりましたそれではボール位置からおさらいしながら説明しましょう!
はい!

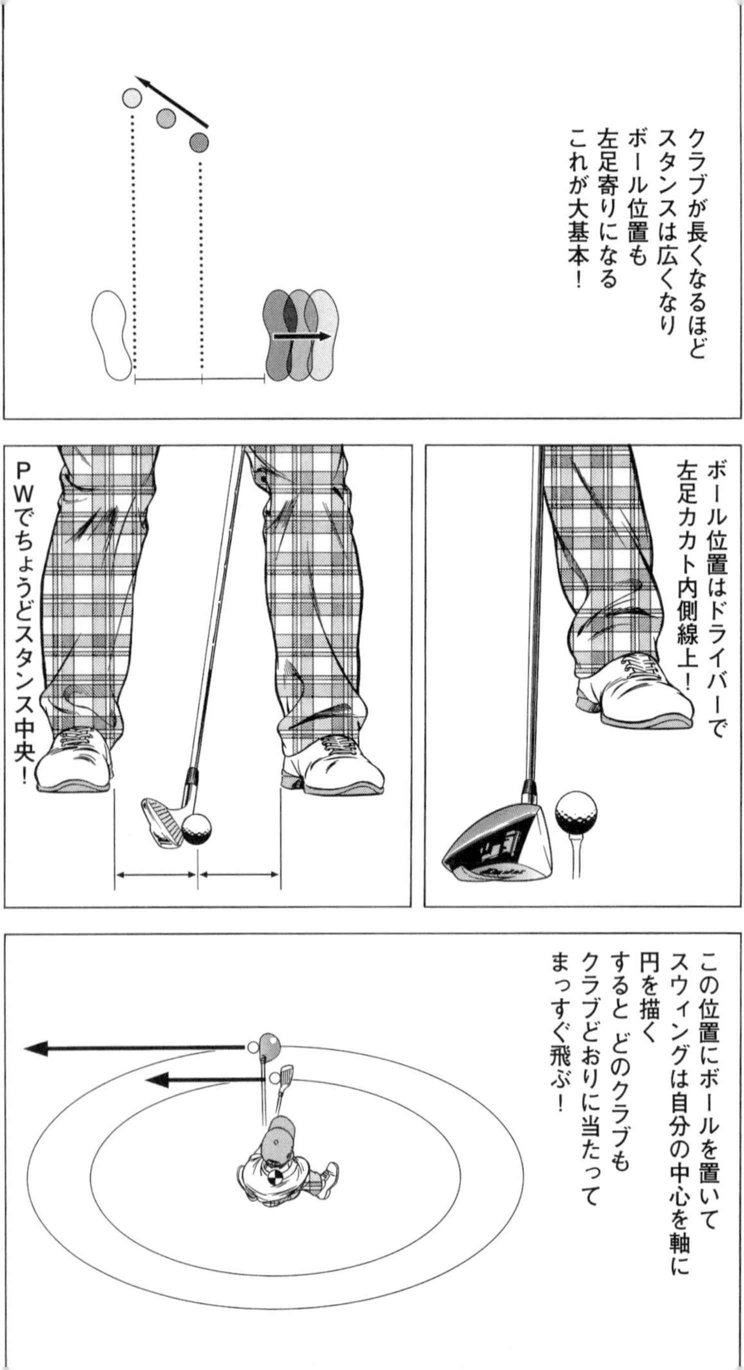
クラブが長くなるほど
スタンスは広くなり
ボール位置も
左足寄りになる
これが大基本！
ボール位置はドライバーで
左足カカト内側線上！
ＰＷでちょうどスタンス中央！
この位置にボールを置いて
スウィングは自分の中心を軸に
円を描く
すると どのクラブも
クラブどおりに当たって
まっすぐ飛ぶ！

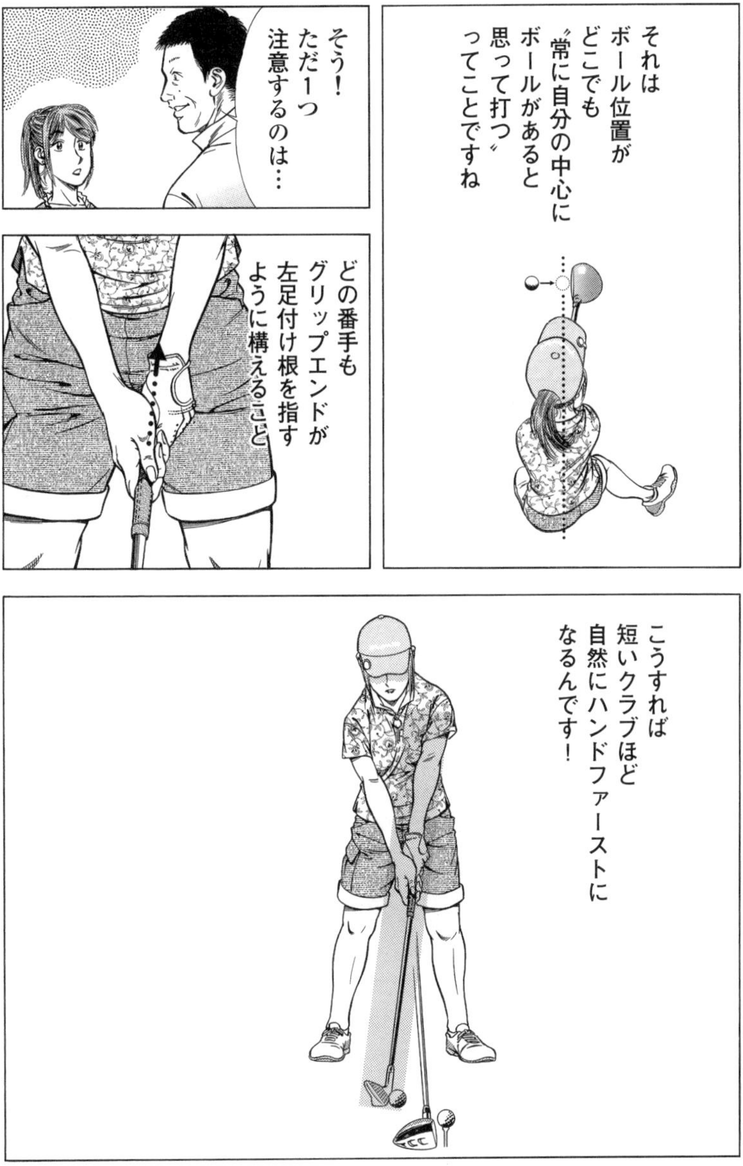
それはボール位置がどこでも〝常に自分の中心にボールがあると思って打つ〟ってことですね
そう！ただ1つ注意するのは…
どの番手もグリップエンドが左足付け根を指すように構えること
こうすれば短いクラブほど自然にハンドファーストになるんです！

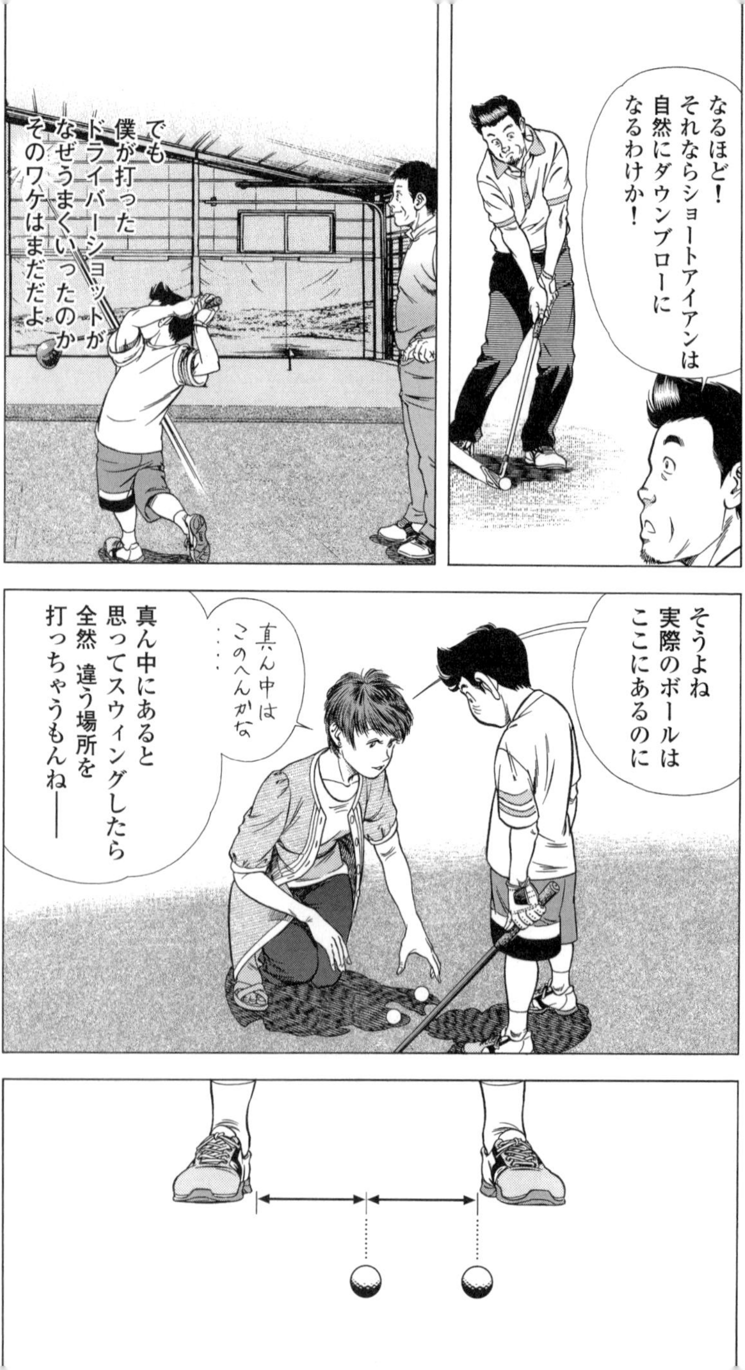
なるほど！
それならショートアイアンは
自然にダウンブローに
なるわけか！
でも
僕が打った
ドライバーショットが
なぜうまくいったのか
そのワケはまだだよ
そうよね
実際のボールは
ここにあるのに
真ん中は
このへんかな
……
真ん中にあると
思ってスウィングしたら
全然 違う場所を
打っちゃうもんね——

PWと7番アイアンくらいの差ならまだ なんとかできそうだけど…
そうですね 普通に考えたらスタンス中央をスクェアに通過したヘッドは…
実際のボール位置に到達する時には
こんなふうにかぶった状態になっているでしょうね

健太クンと同じように
ボールが左足寄りに
なればなるほど
スライスする
ゴルファーは多い
その原因は
ボールを打ちにいって
しまうこと！
ボールを打ちにいくと
ダウンスウィングで
頭が突っ込んで軸が崩れる！
そっか！
体が回転できなく
なるんだね！
そう！
結果的にクラブが
遅れてスライスする！

だから自分の中心にボールがあるつもりで打つんです！
これだとさっきやったようにフェースが かなりかぶるような気がしますが
ドライバーはシャフトのしなりが大きいから
実際は体も回転しているし
ヘッドが遅れるぶんこれで ちょうどになるんです！
まさに「結果重視の悪いイメージ」なんですね
クォーター理論の真骨頂ですね！
すごくよく分かった！
まあ 桑田プロにかかれば小学生なんぞチョチョイのチョイ！ じゃな

それは違いますよ！権藤さん
へ？
私は中高の社会科の教員免許を持っていますが
勉強でもなんでも中高生を教えるより小学生を教えるほうがはるかに難易度が高い！
ほう…そりゃなんでじゃ？
中高生ならもう大人の文法を理解できるので自分が勉強したのと同じ言葉で教えればいいんです
この状態を維持しつつ
手だけで左右に振る

でも小学生に同じ言葉で伝えてもダメなんです
もっと噛み砕いて“漢字”ではなく“ひらがな”で伝えないと理解できない
ゴルフも同じです！教えるのに工夫が必要だからやっぱり下手な人に教えるほうが難しいんですよ！
なるほどのぅ…
！
な なんじゃ！その「ワシが下手」とでもいいたそうなカオは…!?
おっと！
忘れないうちに…
練習！
練習！
さて今日はこのくらいにしましょう！
お疲れさまでしたーっ！

クォーターゴルフ理論 奥義 その15

「まずは正しいボール位置と構え方を知ること!」

「仮想のボール位置は打ちにいくことを防いでくれる」

第16話 迷ったら子供に戻ろう

これからのレッスンのメンバーは……と
お！今日はクラス全員揃ってるな
皆さん！今日もよろしくお願いします！
よろしく
お願いしまーす！
あれ？
1人足りないよーな…
えーと…権藤さんがいません…ね…
キョロ キョロ。。
おかしいな来てるはずなんだけど……
あっいた！

どよ〜〜ん
いつも賑やかな人が　どうしたんですか？こんなところで……
はあ…
なんか今日は元気ないですね
………
桑田プロ……
ワシャもうだめだ…
ええっ⁉どうしたんですかっ？
ここでレッスンを受けるたびにワシは劇的に上達してきたと思う……
しかし…

しかし…？
その上達が長続きせんのじゃ！桑田プロに教わっている最中はいいショットばかり出るのに
1人でやると……
〝ボールを見ない〟だと？――ったく！
妙チクリンなセオリーをいい出しおって！
さぁ〜〜て！開眼したワシのスーパーショットを――
見よ!!
50
ありゃ！

また
別の日には
……
今日こそ
大丈夫！
レッスン中に出た
あのショットを
今一度！
出ろ
～～～っ!!
な
なんで…!?
——とまぁ
こんな感じで
……
開眼が一瞬で
終わってしまう
ワシ
才能ないのか
のぅ……
もうやめよっかな
……
ゴルフ……

それ…自分と同じだ……
実は私もそうなんですよ
自分もっス！
え!?
え！
ニッコリ
ほら！みんな同じですよ！権藤さん
だから元気出して
？？なんで？
開眼が長続きしないというのは誰もがぶつかる壁ですね！
クォーター理論を学んでも心持ち1つでショットは良くも悪くもなる
うんうん！
技術ではなく〝心〟の問題ですね

今日はこれについての話をしましょうか！
ぜひ！
お願いします!!
〝何かを掴んだ！〟と思ったのに
なぜか すぐに元に戻ってしまう
その原因は〝煩悩〟……
大人の持つ〝欲〟なんです
たとえば「ボールを見るな！」と私が教えましたね

そうしたら皆さん最初はチンプンカンプンでワケが分からずとりあえずいわれたとおりやらざるを得なかったでしょ？
はい！初めて聞くセオリーだったもんでもう やるしかありませんでした
たしかにそうじゃった……なんだか何も知らない子供が教わるような気持ちになったのをよく覚えとる
そこなんです!!子供のような気持ちで〝ただやってみたらうまくできた〟
それが大事だったんですよ!!
健太クン！
なに？
キミは1人で練習場に行ってレッスンを受ける前の状態に戻っちゃう――なんてことはあるかい？

ううん！教えてもらったとおりにやるとここと同じように打てる！
大人と子供の違い！子供は　いわれたことをそのままやる！
うまくいったんだからそれ以上何も求めたりしない
いわれたことを素直にやり続ける！
いいショットが打てたらそれだけで楽しいもん！
ふむ…

でも これは
大人には
難しいことなんです
うまくいくと
〝次はもっとうまくやろう〟とする
先輩のことっスね(笑)
お前だって!
あんたあんた!
EAGLE18で
無我夢中でやった時の動きを
この〝欲〟が変えてしまうんです!
欲
思い当たるフシはありませんか?
読者の皆さんも!

よっしゃ！次は もっと いい球 打つぞ！
レッスン中は どんなボールが 出るかなんて 考えてなかった
見ない 見ない……
ただ「ボールを見ない」ということだけに集中しとったのう……
それですよ！その〝もっと〟が悪者なんです！
なるほど
なぜうまく打てたか――なんて
1人で追求するのも危ないですね
さっきのナイスショットはどうやったんだっけ？
それをやるとどうしても自分だけのマニュアルを作ってしまいやすい
こうか？
いや！こうかな……？

生真面目な人ほどその傾向がありますね
私それだわ！
「いい時と悪い時の違いはどこだろう?」なんて考え始めちゃって……
こうするとナイスショットで……
これだと……
よかった時の体の動きを再現しようとしちゃってたワ！
そしたらおっちゃんはどうしたらいいの?
もう子供には戻れっこないし
煩悩の塊みたいな人ですからねぇ
ヘタしたら216個くらいありそう(笑)
欲を捨てるのは無理っぽいッスねぇ

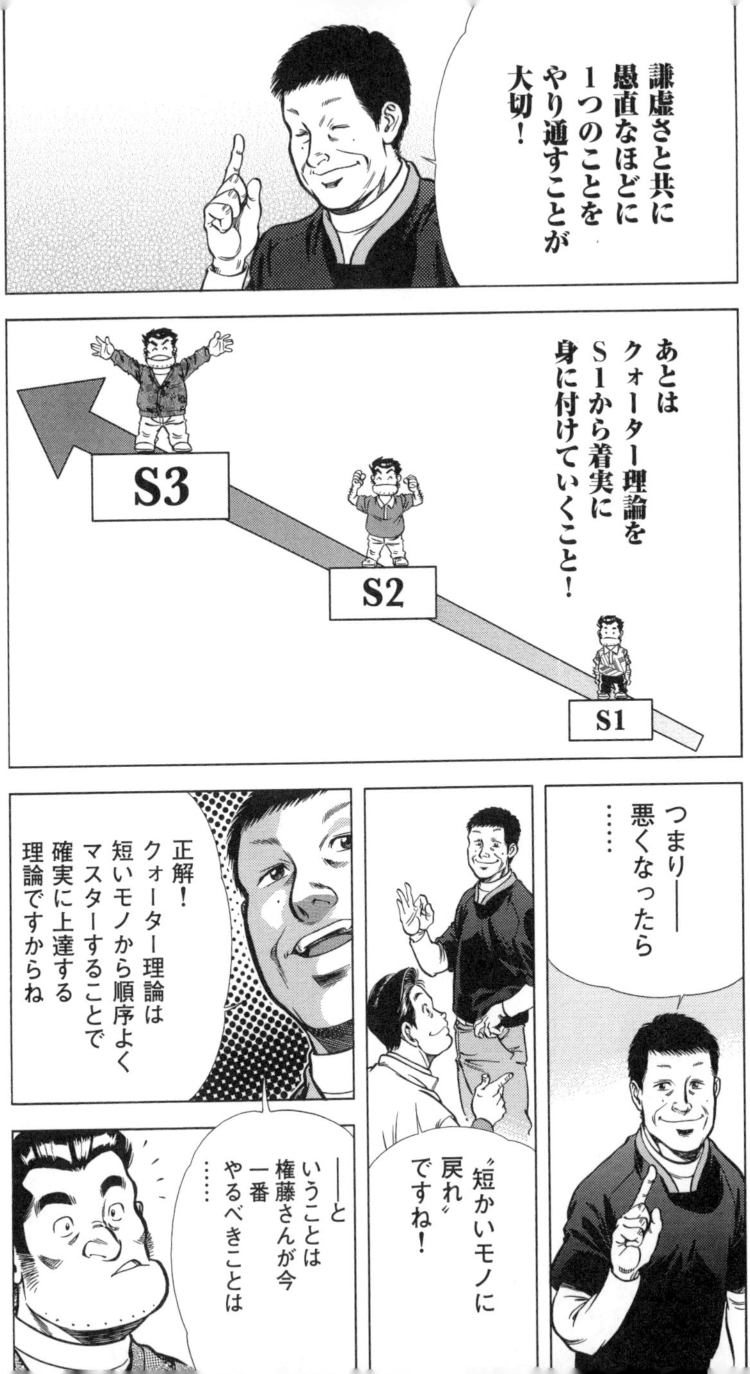
謙虚さと共に愚直なほどに1つのことをやり通すことが大切！
あとはクォーター理論をS1から着実に身に付けていくこと！
S3
S2
S1
つまり――悪くなったら……
"短かいモノに戻れ"ですね！
正解！クォーター理論は短いモノから順序よくマスターすることで確実に上達する理論ですからね
――ということは権藤さんが今一番やるべきことは……

これーーっ!
くうぅ…また ふりだしか……
欲張った罰ですね ゴルフ歴30年の プライドは もう一度 捨ててパターを 頑張ってください
くそぉ〜〜〜! さっき「自分も同じ」って いったのなら キミらもパターを やらなきゃいかん じゃろう!!
くるっ
あ ボクは 先週 ベストを 更新したので 今 絶好調 です!
私たちは ロングパットの 練習でパター やってますよー
子供じゃなくて もう赤ちゃんに 戻らないと ダメだね!

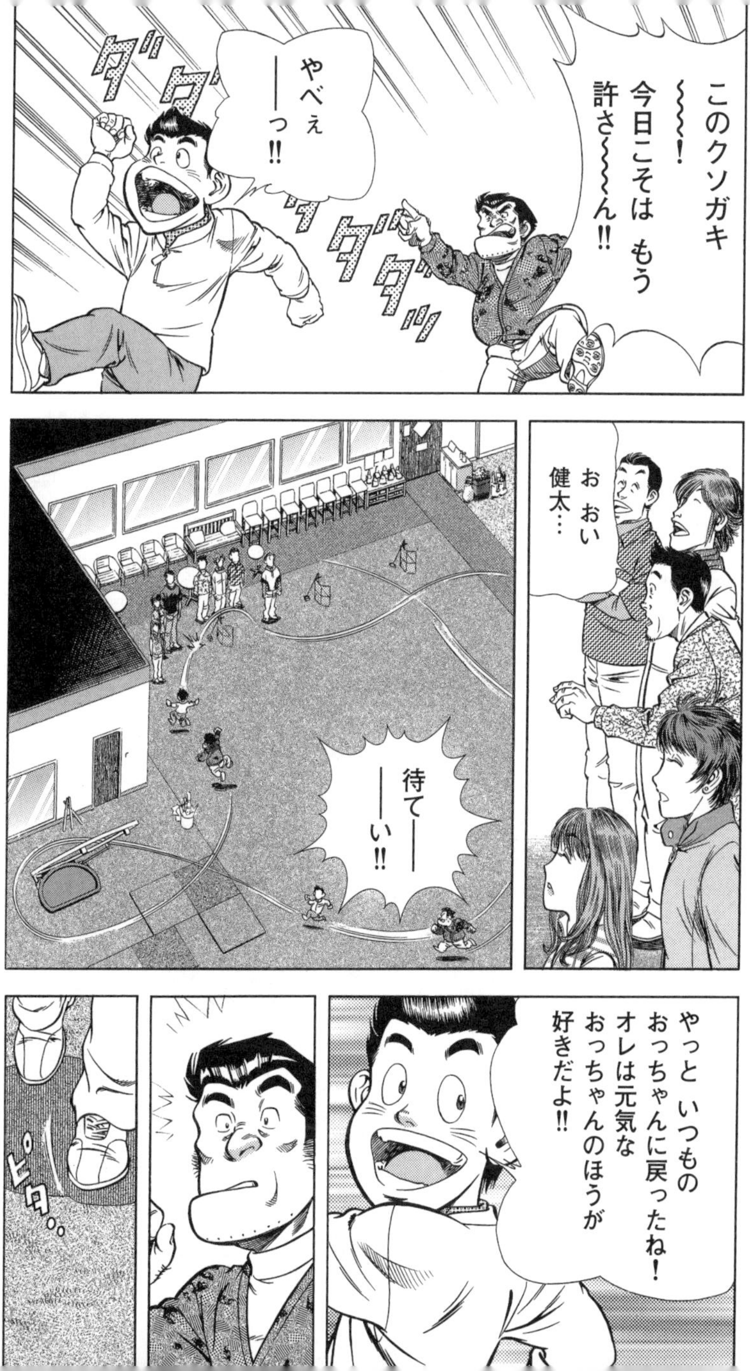
このクソガキ〜〜〜！ 今日こそは もう 許さ〜〜〜ん!!
やべぇ——っ!!
ダダダダダダッ
おおい 健太…
待て——い!!
やっと いつもの おっちゃんに戻ったね！ オレは元気な おっちゃんのほうが 好きだよ!!
ピタ

クォーターゴルフ理論 奥義 その16

「開眼が一瞬で終わってしまう人は“子供”になれ!」

「調子が悪くなったらもう一度短いモノに戻ること!」

その他の 練習法一覧

椅子に座って手打ちする!

普通の練習場では
恥ずかしくてできないけど
うちのイーグル18なら
できますよ(笑)

完全な手打ちができるからスライスするならこのドリル!

椅子に座ると下半身を使いたくても使えない

バランスディスクの上で バランスを取りながら手打ちする!

軸がずれない! ヘッドが振れる!! 芯に当たる!!! 傾斜地にも強くなる!!!!

一石四鳥くらいメリットがある練習法です

さらに バランスディスクに乗って振れば、下半身強化にもなる

×

体重移動したらバランスが崩れて立っていられない

その他の練習法一覧 重くて長い［S3マスター］を使う

長いクラブが
苦手な人は
このふたつがいいよ！

切り返し直後からヘッドを先行させ、
前腕をローテーションさせる

×
体が先行すると
どスライスしか
打てません

ドライバー練習には
やわらかシャフトの
［ドライバーマスター］

羽根付きの［パワースウィング2］を使う

クォーターで空気をつかむ
ように手打ちする

○

前で大きく振ろうとすると
重くて速く振れない

×

桑田泉流 ゴルフに使える名アドバイス集

ADVICE 1

ゴルフでも帰る〝家〟を持つ。

調子が悪くなったときに立ち戻れる場所がクォーター理論です。調子が悪くなったら、基礎の手打ちをやればすぐに調子が戻る。もしなにも理論がなかったら、悪くなったときにあれやこれやといろんなレッスンにすがって混乱してしまいます。クォーター理論は帰るべき家みたいなものです。クォーター理論を家にして、いつもリセットしましょう。

ADVICE 2

ゴルフは自己中になりなさい。

簡潔に言えば、スウィングとは自分の中心でただ円を描くだけでいいんです。自己中でいいんですよ。自己中心回転。全番手とも自分の中心で円を描けば、勝手に当たって真っすぐ飛ぶ位置にボールが置かれ、そこにクラブがセットされているんです。自分からわざわざ打ちに行く必要なんてありません。

ADVICE 3

出る杭が打たれるのはとんがったほうを出してないから。

僕はとんがっているほうを出してるから打たれません。とんがったほうを打ったら、打った人がケガしますから。だから、出る杭になってとんがったほうを出しておきましょうよ。出る杭とは目立っていることです。最初から目立たないようなら価値がないってことです。

ADVICE 4
ツアープロの言葉を信じちゃいけない。

もちろんツアープロが悪いわけじゃなくて、彼らは雑誌の取材などで、突然「ボールのどこ見てますか？」とかって質問されるんです。そんなこと普段から考えたことないので「そういえばボールの右側を見ているかも…」って思ってそう答える。無意識でやっていることを、人に伝えるために無理矢理、言葉にするわけです。それを雑誌は「ボールは右側を見るのが正解」と載せる。その言葉をそのままやっても上手くいくわけがないことはもうお分かりですよね。

ADVICE 5
正しいインパクトの形を知ってますか？

何十年もゴルフやって、雑誌やテレビで勉強してるおっさんに、「正しいインパクトの形を作ってもらえます？」って聞いたら、「えっ？」って言うんです。要は連続写真を元にしたレッスンしか知らないから、アドレスやトップの形はよく知ってても、一番スピードの速いインパクトの形を知らないわけですよ。知らないっていうか誰も教えてないからそうなるんですけどね。

ADVICE 6
プロのようにできたら遼クンより凄い。

プロに対して「プロのように」と教えるのは分かる。しかし、アマチュアに「プロのようにスウィングしましょう」ってておかしいですよね。プロが小っちゃい頃から20年間も毎日一生懸命練習して、やっと出来上がった結果を分析して、「はい、これをやってください」って教えて、もしそれができたら、そのおっさんは遼クンよりすごいですよ。会社の社長に新卒の社員がいきなり「あなたの地位と給料をくれ」って言われたら怒りますよね。どんだけ苦労したのか分かってるのかって。それと一緒です。

ADVICE 7
できないことをなぜ頑張るの？

世のおっちゃんたちは飛ばし、飛ばしってうるさいですよね。飛ばないのになぜ飛ばしを何十年も頑張るのか僕は不思議議です。僕の兄貴は背も低いし、球もそんなに速くなかった。だから、ほかのところを頑張ってあそこまで活躍したんです。皆さんもプロのように飛ばすのは無理なんだから、力がなくても上手くなれるショートゲームを鍛えましょうよ。違うことでカバーすればいいんです。

練習場で確実にうまくなる！

世界最速のゴルフ上達法

クォーター理論

著者紹介

桑田　泉（くわた・いずみ）

1969年大阪府八尾市生まれ。青山学院大学卒。学生時代は野球に専念しPL学園高校では甲子園春夏連覇。体の故障により1993年渡米し、ゴルフへ転向。2000年JGTOよみうりオープンでツアーデビュー。2007年株式会社ダブルイーグルを設立し、「ゴルフアカデミーイーグル18」を開業。2010年「Quarter理論」でPGAティーチングプロアワード最優秀賞を受賞し、初心者からプロゴルファーまでその認知度は高い。2014年石川県に「イーグル18山代GC校」2号店を展開し、独自で開発するゴルフ理論、練習器具、書籍、雑誌連載など多岐にわたり活躍中。

著書に『桑田泉のゴルフアカデミー』『桑田 泉　真実のゴルフレッスン』『桑田泉ゴルフ実践ラウンドの極意』『桑田 泉のスコアUPの奥義』（いずれも日本文芸社）、『0からやり直す本当のゴルフの教科書』（マイナビ）、『クォーター理論ゴルフ』『深クォーター理論　実践編』（いずれも成美堂出版）、『ゴルフ真実の上達法』（日本経済新聞社出版社）がある。

●ゴルフアカデミーEAGLE18
東京都町田市鶴間677-3
TEL　042-705-7018
http://www.kuwataizumi.com/

2016年 2月15日　第1刷発行
2018年 4月20日　第6刷発行

著　者 ———— 桑田　泉
発行者 ———— 中村　誠
印刷所 ———— 大日本印刷株式会社
製本所 ———— 大日本印刷株式会社
発行所 ———— 株式会社　日本文芸社
〒101-8407　東京都千代田区神田神保町1-7
TEL　03-3294-8931（営業）
03-3294-8920（編集）

マンガ：構成 —— 安岡　敦
画 —— 田村高信
カバーデザイン — 大野鶴子（C・S・J）
本文DTP ———— 阿部俊彦（C・S・J）
㈲Creative・Sano・Japan
制作協力 ———— 石井編集事務所
撮　影 ———— 天野憲仁（日本文芸社）

Printed in Japan　112160122-112180406 Ⓝ 06
ISBN978-4-537-21357-7
URL https://www.nihonbungeisha.co.jp/

編集担当・三浦